산업 대전환

BOOK
JOURNALISM

산업 대전환

발행일 ; 제1판 제1쇄 2021년 1월 18일
지은이 ; 박종구 발행인·편집인 ; 이연대
주간 ; 김하나 편집 ; 소희준 제작 ; 강민기
디자인 ; 최재성·유덕규·김지연 지원 ; 유지혜 고문 ; 손현우
펴낸곳 ; ㈜스리체어스_서울시 중구 삼일대로 343 9층
전화 ; 02 396 6266 팩스 ; 070 8627 6266
이메일 ; hello@bookjournalism.com
홈페이지 ; www.bookjournalism.com
출판등록 ; 2014년 6월 25일 제300 2014 81호
ISBN ; 979 11 90864 73 2 03300

이 책 내용의 전부 또는 일부를 재사용하려면
반드시 저작권자와 스리체어스 양측의 동의를 받아야 합니다.
책값은 뒤표지에 표시되어 있습니다.

BOOK
JOURNALISM

산업 대전환

박종구

; 각국 산업의 생산을 동시에 중단시킨 글로벌 가치 사슬의 붕괴는 일시적인 생산 마비가 아니다. 1차 산업혁명 이후 지금까지 유지돼 온 가격 중심의 산업 체계가 붕괴되고 외부 환경 변화에 민첩하게 대응할 수 있는 회복력 강한 산업 체계로 전환되는 계기다. 경제 활동의 초점이 지속 가능하고 안정적인 발전을 추구하는 방향으로 완전히 변화한다는 의미다.

차례

07　　**1 _ 위기는 진화의 계기다**
　　　　불확실성과 불안정성의 시대
　　　　뉴 노멀을 만드는 세 가지 흐름
　　　　소프트랜딩에서 하드랜딩으로

25　　**2 _ 진화의 시나리오**
　　　　'세계의 공장'은 없다
　　　　탈세계화 ; 경제 체제의 핵심을 바꾸다
　　　　집중화 + 분권화 ; 규모 대신 안정성
　　　　세계 질서 재편 ; 가치 사슬을 단축하라
　　　　경제 블록화 ; 보호주의와 국제 협력

45   **3 _ 제조업이라는 해결책**
　　　　　회복을 넘어 전환으로
　　　　　팬데믹 회복기의 산업
　　　　　연결, 협력, 통합
　　　　　뉴 노멀이 온다

67   **4 _ 산업이 삶을 바꾼다**
　　　　　지금의 산업과 결별하라
　　　　　변화는 위험을 동반한다
　　　　　지속 가능한 산업
　　　　　제조업이 사라진 제조의 시대
　　　　　사람을 위한 기술

83   **5 _ 역사의 전환**
　　　　　효율의 개념이 달라진다
　　　　　산업, 경제, 국가의 재구조화
　　　　　공존과 번영을 위한 경쟁과 협력

99   **에필로그 ; 우리는 이전으로 돌아갈 수 없다**

105   **주**

115   **북저널리즘 인사이드 ; 제조업에서 발견하는 미래**

1 위기는 진화의 계기다

불확실성과 불안정성의 시대

중국 우한에서 시작된 코로나19 판데믹이 계속 이어지고 있다. 1년 만에 218개 국가에서 환자가 발생했고, 전 세계 확진자 수는 8100만 명, 사망자 수는 177만 명을 넘어섰다. 급격한 확산세로 국가 간 이동이 제한되고, 기업 활동이 멈추고, 학교도 문을 닫았다. 21세기에 이런 경험을 하게 되리라고는 아무도 상상하지 못했을 것이다.

인류는 지금까지 수많은 전염병(에피데믹, epidemic)[1]이나 대유행병(판데믹, pandemic)[2]을 겪어 왔다. 그러나 지금처럼 세계가 거의 동시에 공황 상태에 빠진 것은 처음일 것이다. 모든 판데믹이 당시로서는 힘든 상황이었겠지만, 이번 코로나 판데믹이 이전과 다른 것은 분명하다. 최근 있었던 에볼라나 사스 등 전염병은 일부 대륙에서만 영향을 미쳤지만 코로나 판데믹은 모든 대륙에서 동시에 진행되고 있고 파장 또한 세계에 미치고 있다. 2020년 1~2분기에는 중국을 제외한 대부분 국가의 경제가 마이너스 성장을 기록했다. 1920년대 말 대공황 이래 최악의 경기 침체다. 세계은행World Bank은 2020년 6월 발표한 전망에서 2020년 세계 경제 성장률을 -5.2퍼센트로 예측했다. 특히 거의 모든 국가가 최악의 실업률 증가세를 보이고 있다. 2분기 이후 산업 활동이나 고용이 악화되는 추세가 조금 둔화되고 있고 일부 국가들이 국경 봉쇄를 풀고 경제 활동을 재개했지만, 겨울 들어 세계적으로 3차 대유행이 시작되고 더욱 강한 전염력을 가진 변이 바이러스가 나타나기 시작했다. 영국이 부분 봉쇄에 들어갔고 이탈리아, 독일, 오스트리아, 그리스, 네덜란드, 덴마크 등도 다시 봉쇄 조치를 내리고 있다. 판데믹이 한 번 혹은 두 번 유행할 것을 전제로 2021년 후반기에는 본격적인 회복 국면이 시작되고 2022년 말에는 2019년 말 수준으로 경기가 회복될 것이라는 OECD의 전망[3]은 3차 대유행이 현실이 되면서 상당 부분 수정해야 하는 상황이다. 다행히 백신이 개발되어 일부 국가에서 사용 승인을 받고 접종을 시작했지만, 언제쯤 정상적인 경제 활동이 가능하게 될지 예측하기는 힘들다. 백신 접종 효과, 치료제 개발 시기에 따라 상황이 달라질 것이다.

    판데믹 이후의 상황에 대해 경제 전문가와 분석 기관들은 다양한 전망을 내놓고 있다. 전망은 향후 2~3년에 대한 단기 전망과 2020년대 후반 이후에 대한 중장기 전망으로 나뉜다. 단기 전망은 주로 당장의 위기 대응과 관련돼 있다. 경제적인 어려움에 빠진 개인이나 기업을 재정적으로 지원하는 방식이다. 실업 급여 확대, 가계 자금 혹은 운영 자금 지원, 부채 상환 연기, 금리 인하, 세금 감면 혹은 납부 연기, 국채 발행 등이다. 단기적인 처방이라고 할 수 있다. 장기 전망은 코로나 판데믹으로 인한 침체를 벗어나 경기가 회복되는 과정에서 코로나 이전부터 진행돼 오던 4차 산업혁명이 어떤 방향으로 진행될지, 판데믹과 같은 대형 사건 이후 나타나는 뉴노멀new normal이 어떤 형태를 띠게 될지에 관련돼 있다.

경기 침체의 정도가 심각하기 때문에 이를 단기적으로 극복하는 단계와 그 이후 경제를 재건하는 단계에서 해결해야 하는 목표와 그에 대한 접근 방식은 다를 수밖에 없다. 단기적으로 해야 할 일은 어느 정도 가늠할 수 있지만, 세계 경제가 받은 충격이 극심한 탓에 중장기적으로 글로벌 경제가 전개될 방향을 예측하는 것은 쉽지 않기도 하다. 그러나 단기적인 처방으로 시행한 정책은 중장기적으로 영향을 미칠 수밖에 없으므로 정부나 기업은 대규모 재정을 투입하는 단기 대응에 있어서도 중장기적으로 나타날 결과를 반드시 고려해야 한다.

코로나 판데믹은 단번에 세계를 혼란에 빠뜨렸지만, 그 이전부터 세계를 격랑으로 몰아넣을 수 있는 몇 가지 거대한 흐름은 이미 본격화되고 있었다. 글로벌 세력의 판도를 지배해 온 국가들의 경쟁력 약화, 중국의 부상, 문화 충돌, 세대·계층·지역 간 소득·교육·기회의 불평등 심화에 따른 마찰 증가, 더 이상 무시할 수 없는 수준에 도달한 기후 변화의 책임을 둘러싼 갈등 등이다. 전 세계에 파장을 불러오기에 충분한 이슈들이 각각, 혹은 복합적으로 작용하면서 긴장을 높여 왔다. 코로나19는 이런 이슈들로 커지고 있던 불안을 폭발적으로 키우고 미래에 대한 불확실성을 증폭시키는 기폭제 역할을 했다. 코로나 판데믹이 시작되면서 기존에 진행되던 문제들이 상대적으로 잠잠해진 것처럼 보이지만, 혼란스러운 상황에 일시적으로 묻혀 버렸을 뿐 불확실성이 사라진 것은 아니다.

판데믹 와중에도 미국과 중국의 갈등은 여전히 격화되고 있다. 판데믹이 종식되거나 전파 속도가 느려져 경제 활동이 본격적으로 재개되는 단계에서는 지금 관심에서 벗어난 것처럼 보이는 긴장 요소들이 부각될 가능성이 높다. 이해 당사자 간 충돌은 더 잦아지고 심해질 것이다. 많은 전문가들이 예측하고 있는 것처럼 코로나19가 종식된다고 해도 세계는 판데믹 이전의 상태로 돌아가기보다 새로운 '뉴 노멀'을 향해 갈 것이기 때문이다. 하지만 인류 역사상 예기치 못한 사건으로 발전 속도가 둔화된 적은 있었지만 중단된 적은 한 번도 없었음을 상기하면, 어떤 형태로든 발전은 계속될 것이라고 볼 수 있다. 지금까지 위기는 새로운 방향으로 진화하는 기회가 되곤 했다. 진화 생물학자 스티븐 제이 굴드Stephen Jay Gould는 빙하기, 운석 충돌 등 급격한 환경 변화가 생기면 짧은 기간 동안 급속한 종 분화가 발생한다고 주장했다. 계기가 있을 때 진화가 급속히 일어난다는 단속평형이론이다. 코로나 판데믹은 이런 급격한 환경 변화에 비견될 수 있다. 판데믹으로 발생한 갑작스러운 환경 변화를 극복하는 과정에서 새로운 패러다임이 만들어질 가능성이 높다. 현재 상황이 매우 유동적임에도 불구하고, 전개 방향을 예측하고 효과적인 대응 전략을 짜야 하는 이유다. 중장기적인 전망에 대한 고려 없이 단기적인 대응에만 치중할 경우 코로나 판데믹 상황이 종료되고 회복기에 들어섰을 때 체계적으로 성장 동력을 확보하기 어렵다. 장기 전망을 기반으로 실행 가능한 전략을 짜야 한다.

뉴 노멀을 만드는 세 가지 흐름

판데믹 극복 과정은 이전 상태로 돌아가는 것이 아니라 뉴 노멀을 만드는 과정이 될 것이다.[4] 뉴 노멀이 본격적으로 모습을 드러내는 것은 2020년대 후반에서 2030년대 초반이 될 전망이다.[5]

향후 전개될 상황을 예측하고 대응 전략을 짜기 위해서는 먼저 현재 상황을 진단할 필요가 있다. 한두 가지 요인에 의해 변화의 방향이 결정된다기보다는 지금의 시대적 요구들을 반영한 새로운 패러다임이 탄생할 것이다. 4차 산업혁명의 빠른 진전, 중국의 부상에 따른 미국과 중국의 마찰, 코로나로 드러난 세계화의 한계 세 가지가 최근의 주요 글로벌 이슈라고 할 수 있다. 세 가지 흐름은 서로 밀접하게 연관되어 있으며 이들 간 상호 작용의 결과에 따라 새로운 세계 질서의 모습이 달라질 것이다. 새로운 질서에서 승자 혹은 주체가 되기 위해서는 이런 흐름에 능동적으로 대응하고 유리한 방향으로 유도할 전략을 수립해야 한다.

빠르게 진전되는 4차 산업혁명

지금껏 세계화가 진행돼 온 결과 첨단 기술의 확산 속도가 빨라지고, 신기술의 산업화도 가속됐다. 세계인들은 쏟아져 나오는 최고 품질의 혁신 제품들을 저렴한 비용으로 구매하고 이용하는 혜택을 누리게 됐다. 세계 어느 곳에서든 첨단 기술에 손쉽게 접근하고 최신 정보를 실시간으로 확인할 수 있게 되었으며 세계 어느 곳이든 하루 내에 갈 수 있는 환경이 만들어졌다. 사람이나 상품이 거의 제한 없이 활발하게 국경을 넘나들게 되어 이른바 지구촌이 형성되었다. 이런 세계화를 선도해 온 것은 선진국들이었지만, 역설적이게도 세계화는 선진국들이 누려 온 경쟁력의 기반을 약화시키는 결과를 가져왔다.

　　　세계화 진행 과정에서 인건비가 낮은 개발 도상국은 선진국의 생산 기지 역할을 해왔다. 선진국과 개발 도상국 사이 인적 교류가 활발해지면서 선진국의 첨단 기술은 개발 도상국으로 빠르게 확산됐다. 개발 도상국들의 생산 기술 수준이 빠르게 고도화된 결과, 기술 격차는 급격히 좁혀졌다. 미국을 비롯한 선진국들은 경쟁력을 강화해 글로벌 영향력을 회복해야만 하는 환경에 놓이게 됐다. 생산성을 더 이상 향상시키기 어려워진 3차 산업혁명 체계를 대체할 새로운 생산 체계를 구축할 필요가 생긴 것이다. 전통적인 선진국들은 이른바 인더스트리 4.0 혹은 4차 산업혁명의 이름으로 생산성을 추가로 향상시키고, 혁신적인 생산 체계를 구축한 뒤 운영 체계를 독점하거나 몇몇 국가들과만 공유하고 배타적으로 보호함으로써 경쟁국을 따돌리고 우위를 확보하려 한다.

4차 산업혁명은 코로나 판데믹의 직접적인 영향을 받고 있다. 급박한 환경 변화로 산업 활동이 둔화 혹은 침체되면서 대부분의 국가는 당분간 기존 체제 내에서 경제 활동을 정상화하는 데 주력할 것으로 보인다. 4차 산업혁명이 주춤하는 것처럼 보이는 이유다. 그러나 드러나는 것과 달리 실제로는 코로나 판데믹이 4차 산업혁명 추진의 필요성을 각인시켜주는 기회가 되었다. 4차 산업혁명 기술은 실제로 판데믹 대응에 기여했다. 나노 크기 패턴에 구현한 항원·항체 반응 기술을 활용한 신속 진단 검사, 3D 프린팅을 이용한 안면 보호 장구 및 검체 채취 면봉 제작, 인공지능AI과 클라우드 컴퓨팅을 이용한 코로나바이러스 유전자 구조 분석, 스마트폰이나 GPS 등 초연결을 이용한 감염 경로 분석 등을 통해서다. 산업 부문에서는 무인 자동화 공장과 같은 비대면 수요가 급격하게 늘어나면서 4차 산업혁명의 핵심인 디지털 체계로의 전환이 가속될 것이라는 전망이 나온다. 특히 자동화는 일자리가 줄어든다는 우려로 생산 현장의 반발이 심해 빠르게 진행하기 어려웠던 분야였다. 그동안 4차 산업혁명의 진행을 암묵적으로 더디게 한 요인이기도 하다. 그러나 코로나19로 긴박한 상황이 조성됐다. 감염자가 발생할 경우 감염이 확산되고 작업장이 폐쇄될 리스크가 생겼다. 자동화에 대한 반대, 디지털화 추진에 대한 기업 내부의 거부감 등도 많이 줄어들었다.

미국과 중국의 마찰

중국은 2007년 제조업 경쟁력[6] 세계 1위로 부상하면서 100년 이상 세계 1위를 지켜 온 미국을 제치고 세계의 공장으로 자리매김했다. 중국이 세계 각국 경제에 미치는 영향력이 커지면서 오랫동안 안정적으로 유지되어 온 미국 중심의 교역 환경은 급변했고, 미국이 주도해 온 세계 질서 역시 흔들리기 시작했다.

미국은 1960년대 이후 제조업 경쟁력 향상을 등한시해 독일과 일본의 추격으로 경쟁력을 잃게 되면서 제조업 기반을 임금이 싼 해외로 이전할 수밖에 없었다. 1970년대 이후 제조업의 해외 이전은 더욱 빠르게 진행됐다. 대부분의 생산 기지를 해외에 둠으로써 자국의 제조업 경쟁력이 약화된 미국으로서는 값싼 임금을 무기로 제조업을 급속하게 성장시켜 온 중국을 견제하기가 쉽지 않았다.

미국은 파장을 인식하고 2000년 이후부터는 기존의 서비스업 중심 정책을 전환해 제조업 경쟁력을 지속적으로 키워 왔다. 특히 2008년 세계 금융 위기 이후 오바마 정부는 2009년부터 수출 확대와 일자리 창출을 위한 제조업 진흥 정책을 추진했다. 첨단 제조업을 집중 지원하고 국내로 회귀하는 기업에 조세 감면 혜택을 부여했다. 정부, 산업계, 대학이 참여하는 제조 혁신을 위한 국가 네트워크(NNMI·National Network for Manufacturing Innovation)를 구축해 첨단 기술 사업화를 촉진하고 고부가 가치 제조업을 육성했다.

지속적인 투자를 한 데다 셰일가스 생산 확대에 따른 에너지 비용 절감, 경쟁국의 임금 상승, 국제 운송비 상승, 지식 재산권 보호 등의 요인이 함께 작용하여 미국 제조업의 경쟁력은 회복되고 있다. 게다가 4차 산업혁명 추진으로 제조업 패러다임이 전환되고 있는 지금이 미국으로서는 중국을 견제할 수 있는 거의 마지막 기회일 수 있다. 특히 셰일가스 혁명으로 대외 정책에서 목에 걸린 가시 같았던 에너지 산업 영역에서 큰 짐을 덜게 되었고 중국의 생산성 향상이 둔화되면서 취약점이 드러나고 있는 이 시점은 중국을 견제하려는 미국으로서는 놓칠 수 없는 기회다.[7] 2021년 트럼프 행정부에서 바이든 행정부로 정권이 교체된 뒤에도 중국에 대한 견제는 계속해서 강화될 전망이다.

중국의 상황도 낙관적이지만은 않다. 빠르게 성장해 온 경제의 성장세는 둔화되고 있다. 임금이 빠르게 상승하고,[8] 외국 자본의 이탈 속도가 빨라지며,[9] 글로벌 미디어 기업인 바이어컴을 비롯해 맥도날드, 휴렛팩커드, 우버, 카디널헬스, 하이네켄 등 외국 기업이 철수했거나 철수를 추진하는 등 성장 동력이 떨어지고 있다. 미국을 비롯한 선진국들의 견제도 강화되고 있다. 중국을 중심으로 새로운 세계 질서를 구축하려는 대외 정책을 추진하다 보니 생기는 여러 나라와의 마찰 역시 중국에게는 부담이다. 중국으로서는 4차 산업혁명으로 선진국들 중심의 새로운 세계 질서가 구축되기 전에 이런 장애물들을 하루라도 빨리 돌파해야 명실상부한 세계 1위국으로 도약할 수 있다. 이 시기를 놓치면 추락하게 될지도 모르는 환경이다.

미국과 중국 모두 이 시기를 놓칠 수 없는 상황에서 2018년 미국이 대중국 관세 등 무역 장벽을 세우면서 본격적으로 시작된 양국 간 통상 마찰은 통상 영역은 물론 지식 재산권 침해를 둘러싼 분쟁, 불법 기술 취득 등 전방위로 확대되고 있다. 세계 무역 질서를 재편하는 것을 넘어 판도를 재구성하려는 움직임이 시작된 것이다. 미국이 중국을 견제하는 일련의 과정은 미국만의 문제가 아니라 세계 경제의 문제다. 특히 지정학적으로 이들과 더 긴밀히 얽힐 수밖에 없는 우리에게는 큰 문제가 아닐 수 없다. 아직까지 미국과 중국의 각축전을 바라보는 여러 국가들의 전략이 드러나지는 않고 있다. 그러나 양국 간 갈등이 격화되고 그 영향이 세계로 확산하는 시점이 되면 많은 나라들이 자국의 이익을 극대화하는 방향으로 각축전에 관여하게 될 것이다. 우리는 미국과 중국 간의 갈등이 고조될수록 선택을 강요받는 환경에 놓일 수밖에 없다.

세계화의 약점

세계화가 빠르게 진행된 결과, 국가 간 인적, 물적 교류가 확대되고 광범위한 영역에서 상호 의존이 일반화되면서 기술혁신의 효과를 세계 전체가 누릴 수 있게 되었다. 역설적으로, 국지적인 충격이 순식간에 세계를 뒤흔들 수 있는 취약한 환경이 조성되기도 했다. 이미 세계는 2008년 미국의 서브프라임 모기지가 원인이 된 리먼 브러더스의 파산으로 촉발된 세계 금융 위기를 통해 세계화의 취약성을 경험한 바 있다.

　　　세계화의 기반 위에 4차 산업혁명으로 새로운 패러다임을 형성해 가던 와중에 코로나 판데믹이 터져 세계 경제가 순식간에 거의 붕괴되는 혼란에 빠짐으로써 또 한 번 세계화의 약점이 드러나고 있다. 세계화는 종말을 고했다는 주장이 나올 정도다. 세계 도처에 산재되어 있는 지식과 생산 플랫폼을 연결해 최고 성능을 가진 양질의 제품을 저렴한 가격으로 공급하던 세계의 공장인 중국의 제조업이 셧다운되면서 글로벌 가치 사슬(GVC·global value chain)은 거의 동시에 붕괴되었다. 국내 자동차 산업도 2020년 1월 중국에서 들여오던 부품 와이어링 하네스[10] 공급이 중단되면서 3만 7000대의 완성차를 생산하지 못해 1조 원 이상의 매출 손실을 경험한 바 있다. 국내에서 코로나19가 유행하기 시작한 2월 말에는 마스크 원자재인 멜트블론Melt Blown 필터(부직포)가 중국으로부터 수입되지 않아 '마스크 대란'을 겪었다. 중국이 코로나19의 대유행으로 필터 원소재의 수출을 막았기 때문이었다. 멜트블론 필터의 70퍼센트는 국내에서 생산하고 있었는데, 중국에서 수입하던 30퍼센트의 저가 제품이 차단되는 것만으로도 대란이 발생했다. 두 사례는 각각 부품, 소재 차원의 GVC 붕괴다. 첨단 제품 생산과 관련한 GVC의 취약점은 코로나 팬데믹 훨씬 전부터 지적되어 왔지만, 마스크와 같은 일반 생활용품을 생산하는 가치 사슬의 붕괴는 전혀 예측하지 못했던 일이었다. 이와 같은 GVC의 붕괴로 4차 산업혁명을 통해 새로운 판을 짜고자 했던 선진국마저도 여지없이 혼란에 빠져들었다. 이에 따라 모든 것을 재설정reset해야 한다는 주장이 설득력을 갖게 됐다.

각국 산업의 생산을 동시에 중단시킨 GVC의 붕괴는 단순한 가치 사슬의 마비가 아니다. 1차 산업혁명 이후 지금까지 유지돼 온 원가(가격) 절감 중심의 산업 체계가 붕괴되고 외부 환경 변화에 민첩하게 대응할 수 있는 회복력이 강한 새로운 체계로의 전환을 시사한다. 가격 대비 성능 극대화에 초점이 맞춰졌던 경제 활동의 방향이 지속 가능하고 안정적인 발전을 추구하는 방향으로 전환될 수밖에 없다는 의미다. 세계화는 거스를 수 없는 흐름이고 추세 자체는 지속될 것이라는 전망이 다수지만, 지금까지 누려 온 세계화의 혜택이나 형태는 달라질 것이 분명하다.

소프트랜딩에서 하드랜딩으로

선진국들은 21세기 초반 생산성 향상의 한계에 다다른 첨단산업을 혁신할 방안을 모색해 왔다. 2011년 독일은 인더스트리 4.0, 2012년 미국은 산업 인터넷IIoT을 통해 4차 산업혁명을 적극적으로 추진하기 시작했다. 4차 산업혁명이 완성되면 생산성이 이전보다 30퍼센트 이상 향상될 것으로 기대됨에도 불구하고, 진행 속도는 예상만큼 빠르지 않았다. 디지털 전환에 대한 거부감, 디지털화로 인한 일자리 축소 등을 우려하는 사회적 분위기가 있는 데다 디지털화에 필요한 지식이나 경험이 부족한 중소기업의 참여가 저조했기 때문이다. 이런 와중에 발생한 코로나 판데믹은 4차 산업혁명의 환경을 완전히 바꿔 놓았다. 이전까지는 4차 산업혁명을 선택의 문제로 인식했다면, 판데믹 이후에는 반드시 받아들여야 하는 문제로 인식하게 됐다.

다양한 의견을 수렴하고 경험을 축적해 온 지금까지의 4차 산업혁명 과정을 연착륙soft landing이라고 한다면, 디지털 전환이나 자율 운전 기반의 무인 공장 등 지금까지는 빠르게 추진하기 어려웠던 4차 산업혁명의 주요 과제를 단기간에 실행에 옮길 수 있게 된 코로나 이후의 환경은 경착륙hard landing이라고 할 수 있다. 4차 산업혁명에서 사회적 변화 등 문제의 소지가 있는 부분의 해결을 유보한 채 빠르게 진행하게 된다. 판데믹으로 부상한 비대면 경제를 뒷받침하고 침체된 경기를 획기적으로 개선할 수단, 즉 기술이 긴급히 필요하게 되었기 때문이다. 변화가 필요했지만 그동안 사회적, 산업적 여건상 추진하기 어려웠던 일들이 빠르게 진전을 보이고, 많은 전문가들이 4차 산업혁명 속도가 빨라질 것이라고 전망하는 이유다. 4차 산업혁명은 코로나 판데믹 이후 GVC가 재편되는 과정, 미국과 중국의 통상 마찰, 경제 블록화, 기후 변화에 대한 글로벌 움직임 등과 맞물리면서 더욱 복잡한 형태로 진행될 전망이다. 첨단 기술을 조기에 산업에 투입하여 경제적 성과를 창출하려는 경향이 한동안 계속될 것이다. '하드랜딩'과정에서 예기치 못했던 부정적인 상황이 발생할 수 있기 때문에 대비가 필요하다.

2 진화의 시나리오

'세계의 공장'은 없다

우리가 사용하는 완제품은 수많은 부품으로 구성되어 있다. 완제품의 가격은 각 부품을 제조하는 원가와 최종 조립에 소요되는 비용, 물류 비용, 이윤 등을 합산해 결정한다. 완제품을 제조하는 기업이 시장에서 경쟁하는 요소는 성능과 가격이다. 성능이 우수한 부품을 값싸게 공급받는 것이 경쟁력을 좌우하는 구조다. 예를 들어 승용차(완성차)는 대략 2만 개 이상, 스마트폰은 700~1000개의 부품으로 구성되어 있다. 완성차나 스마트폰을 제조하는 기업은 일부 부품을 자체 생산하고, 나머지를 외부의 제조업체로부터 공급받아 조립하거나 아예 여러 부품을 조립한 제품을 공급받는다. 여러 기업들이 납품한 부품들이 완성품이 되는 과정이 사슬 모양으로 연결되어 있기 때문에 이를 공급 사슬supply chain 혹은 가치 사슬value chain이라고 부른다. 세계에 흩어져 있는 여러 기업들로부터 부품들을 공급받기 때문에 글로벌 가치 사슬GVC이라고도 한다. 완성품 제조업체에 부품을 공급하는 기업들은 성능과 가격 면에서 글로벌 경쟁력을 가진 업체들이다. 완성품 제조업체들은 제조 비용을 절감하기 위해 부품의 재고량을 최소화하고 필요한 부품을 즉시 조달하는 방식으로 GVC를 운용하고 있다.

2만 개가 넘는 자동차의 부품 중 와이어링 하네스 하나만 공급이 중단되어도 승용차 조립 라인을 멈출 수밖에 없다. 완성품 제조 기업은 이런 상황을 방지하기 위해 부품 공급 업체를 복수로 확보하지만, 위기가 발생했을 때 한 기업이 전체 물량을 공급하지 않는 이상 조립 라인을 정상 가동하는 것은 불가능하다. 코로나 판데믹은 전 세계에 흩어져 있는 기업들로부터 부품을 공급받는 GVC가 얼마나 취약한지를 여지없이 보여 줬다. 특히 코로나19 확산 초기에는 세계의 공장이라고 불리던 중국이 폐쇄되면서 모든 GVC가 동시에 붕괴되고 세계가 침체의 늪으로 빠져드는 사상 초유의 사태가 빚어졌다. 완성품을 제조하는 기업뿐만 아니라 보통 사람들도 확산 초기의 '마스크 대란' 등을 통해 공급망 붕괴가 가져오는 피해를 실감했다. GVC의 취약성에 대한 경고는 이전부터 있었지만, 산업계는 성능과 가격의 프레임을 벗어나지 못하고 있었다. 그때 코로나 판데믹이라는 결정타를 맞았다. 향후 산업 활동의 배경에는 GVC 붕괴의 경험이 항상 자리하고 있을 것이다.

OECD나 세계은행 등 경제 분석 기관들은 백신 개발 상황 등을 고려하여 코로나 판데믹으로 침체된 글로벌 경제가 2021년 후반 이후 회복되기 시작하고 2022년 본격 회복에 들어갈 것이라는 예측을 내놨다. 재난 지원금 등 생계 지원, 채무 변제 연기, 실업 급여 연장, 금리 인하 등 적극적인 정책 지원으로 유동성이 크게 증가했고, 국가 채무와 가계 부채 규모가 국가마다 다르기 때문에 각국이 경제 회복을 위해 동원할 수 있는 정책이 다 같을 수는 없을 것이다. 그러나 분명한 것은 선진 경제에서 경기 회복은 붕괴된 GVC를 재건하는 데서부터 시작될 것이라는 점이다.

코로나 판데믹은 현재의 경제 구조와 효율성에 대한 각 국가의 인식을 바꿔 놓았다. 이는 GVC가 회복되는 양상에 큰 영향을 미칠 것이다. 판데믹 상황에서 각 국가들은 경제성이 부족하다는 이유로 자체 생산하지 않고 수입에만 의존해 왔던 방역 물품이나 기기의 공급 부족으로 큰 고통을 겪었다. 경제적 효율성을 우선시하는 경제 체제의 문제점을 인식하면서 GVC가 경제 영역만의 문제가 아니라 사회 안정과 국가 안보의 중요한 부분이라는 점을 실감하게 됐다.

기후 변화에 대한 인식 변화도 GVC 재편에 큰 영향을 미칠 전망이다. 이제껏 경험해 보지 못한 전염병이 발생해 지구인의 일상생활에 막대한 영향을 미치게 된 근본적인 원인이 기후 변화임을 인식하게 되면서 기후 문제는 판데믹 이후 중요한 이슈로 부상했다. 이런 경험은 GVC 재편에 영향을 미치고, 궁극적으로 GVC의 형태를 바꿔 놓을 것이다. 가격이나 이익을 중시하는 기존의 효율성 중심에서 외부 충격으로부터 회복하는 능력, 보건을 포함한 사회 안전 확보, 지속 가능한 발전에 대한 기여 등 새로운 가치에 주목하는 생산 체제로 변화하기 시작하는 것이다.

GVC는 경기 회복 후에도 코로나 판데믹 이전의 모습으로 회복되지 않을 것이다. 특히 국가 간 협력이 어떤 형태로 이루어지는지에 따라 개편된 GVC의 모습은 달라진다. 한 국가가 모든 부품을 자체 생산하는 지역 가치 사슬을 독자적으로 구축하는 것은 쉽지 않고, 국가마다 산업의 현황이나 기술 수준도 다르기 때문이다. 2008년 세계 금융 위기 이후 제조업이 사회 경제적 안정에 미치는 영향에 주목하고 제조업을 강화하는 데 주력해 온 선진국들은 자국 제조업의 경쟁력 관점에서 GVC 재편을 염두에 두게 될 것이다. 가치 사슬이 일시에 붕괴되는 경험을 했기 때문에 GVC 재편 과정에서는 회복 능력을 향상시키는 것에 중점을 두게 된다. 위기 상황에서 셧다운 혹은 전면적인 생산 중단을 방지할 수 있는 독자적인 가치 사슬 체계를 구축하거나 가치 사슬의 안정성을 확보하는 방안을 찾는 데 집중할 것이다. 2020년 2분기부터 상대적으로 빠르게 경기를 회복한 중국의 경우에서 볼 수 있듯이, 가치 사슬 전반을 자체적으로 구성할 수 있는 능력을 보유하는 것은 매우 중요하다. 그러나 이미 생산 시설을 해외로 이전했거나 제조업이 발달하지 못한 국가, 규모의 경제를 충족하기 어려운 작은 시장을 가진 국가들이 독자적으로 가치 사슬을 구축하는 것은 쉽지 않은 일이다. 모든 나라가 중국같이 될 수 없는 이유다.

탈세계화 ; 경제 체제의 핵심을 바꾸다
제조업 영역의 세계화는 선진국의 첨단 기업들이 핵심 역량은 모국에 두고 생산 거점을 해외로 이전offshoring하고 판매망을 포함한 서비스 센터를 국외로 확장하는 것을 의미한다. 첨단 기업들이 해외로 진출하는 데는 기업에 유리한 조세 제도, 자원 및 주 소비 지역에 대한 접근성 등 여러 가지 이유가 있다. 그러나 가장 중요한 동인은 현지의 낮은 임금이다. 수익성에 직접 영향을 미치기 때문이다. 제조업의 해외 이전은 다국적 기업들이 주도해 왔다. 현재 세계 교역의 상당 부분이 다국적 기업 간 글로벌 공급 사슬 내에서 이뤄지고 있다. 세계 교역에서 상품 교역은 80퍼센트를 차지한다.[11] 제조업의 해외 이전을 통해 세계화가 진행되었다고 해도 과언이 아니다.

    세계화의 방향을 바꾸거나 되돌리는 탈세계화는 어려울 수밖에 없다. 세계화를 벗어나려면, 세계가 그동안 누려 온 혜택을 버려야 한다. 좋은 품질의 부품을 낮은 가격으로 공급받는 것이 어려워지면서 상품 가격은 상승하고, 신기술은 더 이상 다른 국가로 이전되지 않아 혁신적인 제품 개발이 지연될 것이다. 결국 일상생활까지 불편해진다. 이런 불편을 감내하기는 쉽지 않다. 이런 점을 들어 많은 전문가들은 제조업의 국내 회귀(리쇼어링·reshoring) 등 탈세계화 움직임이 일시적으로 나타날 수는 있지만 궁극적인 탈세계화는 불가능할 것이라고 전망해 왔다.

팬데믹 이후에도 탈세계화 흐름과 기존의 세계화된 환경이 줄다리기하는 흐름은 지속될 것이다. GVC가 재편되는 과정에서 세계화 속도가 느려지고, 지금까지와 다른 방향으로 전개될 것만은 분명하다. 산업 혹은 기술 보호주의가 나타날 가능성이 높다. 팬데믹 이전까지는 제조업 영역에서의 세계화로 선진국의 첨단 기술이나 산업이 개발 도상국 혹은 후진국으로 빠르게 확산되어 왔다. 그러나 점차 해외로 진출했던 제조 기업이 본국으로 회귀하고 지역 가치 사슬이 만들어지면서 첨단 기술의 해외 이전은 축소될 전망이다. 한편 이미 글로벌 경쟁력을 갖춘 지식 기반이 세계 도처에 흩어져 있고, 자국의 지식 기반에만 의존하지 않는 다국적 기업들도 생기고 있어서 전면적인 탈세계화로 가기는 어렵다는 한계도 있다.

해외로 옮겼던 생산 거점을 다시 국내로 복귀시키는 제조업 회귀는 탈세계화를 향한 가장 대표적인 움직임이다. 여기에도 해결해야 할 문제점들이 있다. 해외의 생산 거점을 국내로 무리하게 회귀시키거나 새로운 가치 사슬을 자국 내에

무리하게 구축하려 할 경우 해외에 산재해 있는 전문화된 제조 플랫폼의 생산 능력을 활용하지 못하게 됨으로써 제조 비용이 상승하고 기술 혁신이 둔화될 수 있다. 한편 해외의 생산 거점을 국내로 회귀시키기 위해서는 해외로 이전할 수밖에 없었던 원인을 해소해야 한다. 즉, 고임금 문제가 해결되어야 한다. 가치 사슬의 해외 이동에 맞춰 이전한 경우라면 전체 가치 사슬 혹은 가치 사슬을 선도하는 기업을 회귀시킬 수 있어야 한다. 기업 활동을 제약하는 제도가 문제였다면 제도 개선이 선행돼야 한다.

이처럼 쉽지 않은 과정임에도 불구하고 미국, EU 등 선진국들은 리쇼어링을 적극적으로 추진하고 있다. 미국은 2010년 오바마 정부 때부터 리쇼어링을 정책적으로 지원해 2018년까지 총 3327개 기업이 국내로 복귀했다. EU 집행위원회 역시 핵심 기술과 소재, 인프라, 안보 등 전략 분야의 리쇼어링을 정책적으로 추진해 2014~2018년 사이 253개 기업이 EU 내로 복귀한 바 있다.[12] 각국은 리쇼어링을 정책적으로 추진하기 위해 다양한 전략을 동원했다. 미국은 3D 프린팅 등 전략 산업에 대해 전격적인 원샷 지원을 하고 있다. 35퍼센트이던 법인세를 25퍼센트(오바마 정부), 21퍼센트(트럼프 정부)로 낮추고 영구적인 연구 개발R&D 세액 공제 제도를 도입하는 등 적극적인 정책을 편 결과 포드, 애플, GE 등이 세계

여러 곳에 진출해 있던 생산 공장을 미국 내로 이전했다. 프랑스는 의료, 제약, 자동차 분야의 리쇼어링을 강하게 추진하고 있다. 자국 생산 인증 제도도 도입했다. 제품 단가의 50퍼센트 이상이 자국 내 생산 활동으로 구성되고 제품의 주요 구성 요소가 프랑스에서 생산된 제품에 인증을 부여하고, 이를 홍보 등에 활용하는 방식이다. 4차 산업혁명 기술이 생산 현장에 스며들수록 자동화가 진척되어 인건비 부담이 줄어들고 인공지능과 빅데이터의 활용으로 생산성이 획기적으로 향상되어 리쇼어링에 유리한 환경이 조성된다. 4차 산업혁명이 진행될수록 선진국의 리쇼어링 추세는 가속될 전망이다.

선진국들이 여러 어려움에도 불구하고 리쇼어링을 적극적으로 추진하는 이유는 해외로 진출한 기업이 유턴할 수 있는 환경이 갖춰지고 있기 때문이다. 후발국의 임금이 급격하게 높아져 임금 격차가 줄어들고 있고, 생산 시설의 디지털화와 로봇 등 신기술의 발전으로 생산 현장에서 일하는 인원을 대폭 줄일 수 있게 됨으로써 자국의 높은 임금이 큰 부담이 되지 않게 되었다. 아디다스 스피드팩토리Speedfactory 자료에 따르면 기존의 신발 제조 공정으로 50만 켤레를 생산하기 위해서는 600명의 인원을 투입해야 했던 반면, 로봇과 3D 프린팅 기술을 접목한 스마트 공장에서는 160명의 인력만으로 충분하다. 임금이 비싼 자국 내에서 생산하더라도 충분히 경쟁력을 가질 수 있게 되는 것이다. 이 경우 산술적으로는 임금이 3.7배 더 높아도 경쟁력이 있다. 많은 인원을 투입해야 하는 해외의 생산 시설을 단순히 옮겨 오는 것보다는 인건비가 높은 약점을 보완해 주는 자동화 생산 시설을 자국 내에 건설하는 형태로 리쇼어링이 진행되고 있다.

집중화 + 분권화 ; 규모 대신 안정성
대량 생산-대량 소비로 대표되는 지금까지의 생산 체계에서는 경제성 있는 생산 규모, 즉 규모의 경제가 중요한 요소였다. 따라서 대규모 시설을 한 지역에 집적시키는 집중화가 유효했다. 특히 거점 지역 간 대규모 물류가 용이한 환경에서는 품질 관리, 생산비 절감 등에서 집중화가 유리했다. 코로나 팬데믹을 극복하기 위해 조직적으로 대응하는 데에도 집중화된 대응 방식이 효율적인 측면도 있었다. 필수 방역 물품을 긴급히 조달하기 위한 생산 체계 조정이나 생필품 수급 조정, 지역 및 국가 봉쇄 등에선 집중화가 유리하기 때문이다.

하지만 코로나19 확산으로 집중화된 생산 거점이 폐쇄되어 생산이 전면 중단되거나 개인의 이동이 제한되는 상황에서 분권화의 필요성도 크게 대두됐다. 최소한의 경제 활동을 유지하려면 생산 시설을 여러 곳에 분산하고, 많은 인력 없이도 자율적인 운용이 가능해야 한다. 분권화는 단순히 생산 시설을 여러 곳에 분산하는 것이 아니다. 소비 지역(시장)과 가까운 곳에 생산 시설을 배치함으로써 물류에 소요되는 시간을 줄여 현장 상황에 맞는 대응을 하고, 유통 거리를 줄임으로써 비용을 절감하고 탄소 배출을 줄이는 것이다.

개인적인 수요를 중시하는 소비 패턴이 등장하고, 신속하고 친환경적인 물류에 대한 요구는 점차 커지고 있다. 3D 프린팅이나 자율 운전 로봇, 자동화 공장 등 혁신적인 4차 산업혁명 기술이 제조 공정에 도입되면서 시장에 인접한 지역에서 고객의 개별적인 수요에도 대응할 있게 됐다. 분권화의 환경이 조성된 셈이다. 이처럼 분권화된 생산 체계가 경제성을 갖출 수 있는 것은 역설적이게도 데이터의 집중화에 따른 결과다. 중앙의 데이터 센터가 현지에 있는 공장의 운전이나 유지, 보수 등을 효율적으로 제어할 수 있기 때문에 최소 비용으로 운영할 수 있는 것이다. 즉, 물리적인 생산 시설은 현지화, 분권화되지만 이를 운용하는 데이터 체계는 더욱 집중화되는 이중적인 구조가 형성된다.

따라서 4차 산업혁명 시대에도 집중화는 여전히 중요한 부분으로 남게 될 것이다. 집중화가 유지되는 것은 데이터의 속성과 4차 산업혁명 기술의 특징 때문이다. 데이터는 많을수록, 특히 유효 데이터가 풍부할수록 더 많은 데이터를 생산한다. 글로벌 IT 기업들이 데이터 센터를 세계 곳곳에 두는 이유이기도 하다. 초고속 인터넷, 사물 인터넷, 클라우드 환경 등 4차 산업혁명을 뒷받침하는 기술들은 글로벌 IT 기업들이 데이터를 지배하는 환경을 만들어 준다. 데이터를 기반으로 한 원격 디지털 운용 체계는 과거 어느 때보다 집중화의 효과를 극대화하게 될 것이다.

코로나 이후의 집중화와 분권화 구조는 유기적으로 연결된 형태를 띨 것이다. 지금까지 세계화 과정에서 다국적 기업들은 신기술 개발 등 핵심 기능은 집중화하고, 마케팅 등 영업 기능은 현지화하는 구조를 만들어 왔다. 앞으로 전개될 상황은 이와 다르다. 몇몇 대규모 생산 시설에서 대량 제조한 소품종 제품을 원거리 수송하는 체계에서 고객이 주문한 제품을 고객과 가까운 현지에서 즉시 생산하는 다품종 소량 생산 체계로 변화할 것이다. 분권화는 고객 혹은 시장에 가까이 가는 장점 외에도 생산 시설을 소규모화할 수 있으므로 투자에 드는 비용이 적다는 장점과 원거리 물류를 줄임으로써 환경 친화적인 요구를 수용하는 장점이 있다.

팬데믹을 거치면서 4차 산업혁명 생산 체계를 대표하는 사이버-물리 체계(CPS·Cyber-Physical System)도 더욱 주목받게 될 것이다. CPS는 실제 체계physical system와 동일한 디지털 체계cyber system를 사이버 공간에 구축하여 실제 체계와 동기화시킴으로써 생산 현장의 데이터를 실시간으로 수집하고 분석하는 원격 관리 시스템이다. 빅데이터를 기반으로 하는 인공지능 기술과 로봇 기술을 적용해 모니터링하고, 스스로 최적의 운전 상태를 유지할 수 있다. 디지털 트윈digital twin으로도 부르는 기술이다. 이 시스템하에서는 중앙에서의 원격 운전 혹은 예방 정비로 코로나 판데믹과 같은 비상시에도 산업 활동을 유지할 수 있다. 시장에 인접한 지역에 소규모 생산 시설을 분산 배치하는 것에도 제약이 별로 없다. 분산 거점에 있는 공장은 지역의 특화된 수요에 대응할 수 있는 소규모 생산 설비를 갖추고 일반 관리직 정도의 최소 인력을 배치하거나, 궁극적으로는 무인 공장화해 본사가 원격으로 직접 운전할 수 있다. 원격으로 새로운 작업을 수행하거나 작업 조건을 변경할 수도 있으며, 이상 상태를 찾아내 조정하고 고장 시점을 예측하여 문제가 발생하기 직전 정비 인력을 현장에 투입할 수도 있다. 대형 사고를 방지하고 생산 시설의 가동 중지 기간을 최소화하는 방법이다.

실제로 미국의 GE는 발전소를 원격 운용할 수 있는 디지털 트윈을 개발하여 서비스를 제공하고 있다. 발전소의 운전 정보를 실시간 수집하고 사이버 공간에서 현장 상황을 실시간 모니터링해 최적의 운전 상태를 유지한다. 연료 소모, 즉 비용을 줄이고 사고를 방지하는 효과도 보고 있다. GE는 이 시스템을 통해 세계 곳곳에 건설된 발전소를 한 곳에서 통제할 수 있다. 발전기나 발전소를 직접 지어서 파는 기존 사업 모델 대신, 발전소 운영을 맡고 여기서 발생하는 수익을 클라이언트와 나누거나, 직접 발전소를 건설한 뒤 거기서 생산된 전기를 파는 사업 모델도 가능하게 됐다.

세계 질서 재편 ; 가치 사슬을 단축하라

1990년대 이후 다국적 기업의 활동이 본격화되고 선진국의 생산 기술이 해외로 이전됨에 따라 GVC가 세계 전역으로 확대되었다. 끝없이 확산될 것 같아 보였던 GVC가 코로나 판데믹으로 순식간에 붕괴되고 급격한 수요 감소와 맞물리면서 세계 경제가 급격한 침체로 이어진 데는 그럴 만한 배경이 있다. 국제 교역에서 GVC가 차지하는 비중, 외국인 직접 투자(FDI·Foreign direct investment), 다국적 기업 활동 등의 지표는 이미 2010년 이후부터 GVC의 재편 필요성을 시사하고 있었다.[13] 4차 산업혁명 기술의 발전으로 변화된 국제 생산 체계, 커지고 있는 보호주의 경향, 시행 시점이 임박한 지속 가능 개발 목표(SDGs·Sustainable Development Goals)[14] 등 GVC의 변화를 압박하는 큰 도전이 다가오고 있다. 여기에 코로나 판데믹이 기폭제가 되었다.

그렇다면 글로벌 가치 사슬은 어떻게 변화할 것인가. 인공지능, 클라우드 컴퓨팅, 초고속 사물 인터넷IoT, 자율 로봇, 3D 프린팅과 같은 적층 제조 기술 등 4차 산업혁명 기술이 발달하면서 공급 사슬 전반을 디지털화하고, 생산 단계들을 통합하는 것도 가능하게 되었다. 생산 자율화, 자동화도 더 높은 수준으로 발전해 분산 제조, 다품종 소량 맞춤 제조도 가능해짐으로써 시장에 대한 접근성도 개선됐다. 이는 지역 내에 가치 사슬이 새롭게 만들어졌음을 뜻한다. 가치 사슬의 길이, 생산을 위해 거쳐야 하는 단계는 짧아지고 가치 사슬을 구성하는 요소들의 연계는 강해지고 있다.

향후 GVC는 선진국의 다국적 기업이 주도하겠지만, 분산 제조distributed manufacturing가 일반화됨에 따라 지역을 중심으로 새로운 가치 사슬이 구축될 것이다. 중앙 집중식, 수직 계열화 중심의 가치 사슬이 수평적, 지역 중심의 가치 사슬로 바뀐다. 기업들이 가치 사슬에 새롭게 진입할 수 있는 기회는 늘어나게 된다.

유엔 무역개발회의UNCTAD도 코로나 판데믹 이후 국제 생산의 변화를 이렇게 예측하고 있다. 생산 기술 발전으로 가치 사슬의 단계는 줄어들고 각 단계에서 부가 가치를 높이는 데 더욱 집중하게 된다. 기업들은 전문화된 플랫폼을 지향하고 자산을 경량화하여 대응력을 높이는 방향으로 전환한다. 가치 사슬이 글로벌 중심에서 지역 중심으로 전환되고 외국인 직접 투자가 지역 시장에 초점을 맞추게 됨으로써 글로벌 차원에서 수익성을 고려해야 하는 압박은 줄어들 것이다. 글로벌 교역에서는 완제품 형태의 상품이나 중간 제품의 비중이 점차 줄어든다. 대규모 투자를 필요로 하는 규격 제품을 대량으로 제조하는 방식은 맞춤형 소규모 분산 제조로 전환될 것이며 맞춤형 제품과 융합한 서비스의 가치 사슬이 지속적으로 성장하고 분화할 것이다. 가치 사슬의 안정성을 확보하고 회복 능력을 향상시키는 것은 국가 안보 관점에서도 고려하게 된다. 각국은 GVC 자체에 투자하기보다는 인프라 및 국내 서비스 분야, 지속 가능 개발 목표 협약을 이행하는 데 필요한 녹색 경제 분야에 투자할 것이다.

여러 국가가 밀접히 관여하는 GVC 재편은 곧 국제 질서 재편 과정이라고도 할 수 있다. GVC를 바라보는 시각이 경제적인 이해관계를 넘어 국가 안보를 포함한 사회적 안정성 영역까지 확장됨에 따라 선진국들은 새로운 GVC를 통해 최대의 이익을 안정적으로 확보하려 할 것이다. 미국과 독일 및 EU를 축으로 하는 4차 산업혁명의 선도 그룹은 서로 협력하며 시장을 지배하려는 움직임을 보이고 있다. 중국은 일대일로一帶一路 전략을 추진한다. 중앙아시아와 유럽을 잇는 육상 실크로드, 동남아시아와 유럽, 아프리카를 잇는 해상 실크로드를 구축하겠다는 전략이다. 중국은 또 2020년 11월 한국, 일본, 아세안, 호주, 뉴질랜드 등 15개 국가와 역내포괄적 경제동반자협정RCEP을 체결해 아시아·태평양 지역을 하나의 자유 무역 지대로 통합하려 하고 있다. 이처럼 공동의 이익을 추구하는 경제 블록이 현실로 나타나고 있다. 한 국가가 단독으로 GVC를 개편하기는 어려운 데다, 혼자서는 견제할 수 없는 강력한 경쟁 상대로 부상한 중국이 있기 때문에 선진국들은 블록 구성을 통한 세계 질서 재편에 적극적일 수밖에 없다.

경제 블록화 ; 보호주의와 국제 협력

후발 주자인 개발 도상국들이 선진국 기술에 의존해 급속히 성장하고, 선진국과의 격차를 좁히게 되면서 선진국의 보호주의는 점차 강화되어 왔다. 결정적인 계기는 중국의 제조업 경쟁력이 급격히 성장해 세계 1위로 올라선 것이었다. 이때부터 표면화된 미국과 중국의 통상 마찰은 경제 영역을 넘어 지식 재산권(특허), 산업 영역으로 확대될 전망이다. 미국은 이미 중국의 반도체 산업을 견제하기 위해 2020년 9월 15일 화웨이에 대한 반도체 공급 규제를 발효했다. 미국 기술이나 소프트웨어를 활용한 반도체를 미국 승인 없이는 화웨이에 공급할 수 없도록 한 것이다. 이와 같은 강력한 보호 조치는 계속해서 등장할 전망이다.

선진국들은 4차 산업혁명을 통해 개발 도상국과의 간극을 다시 넓히고 신기술 보호를 강화함으로써 글로벌 영향력을 강화하려 할 것이다. 정책적으로 추진하고 있는 리쇼어링이 성공적으로 진행되어 첨단 생산 시설을 자국 내에서 운용할 수 있게 되면 첨단 기술이나 산업을 보호하는 일은 더 용이해질 것으로 보인다. 그러나 가치 사슬로 복잡하게 얽혀 있는 산업이나 기술을 단독으로 보호하는 데에는 한계가 있다. 이해관계를 같이 하는 국가들과 경제 블록을 구축하여 대응하게 되는 이유다. 각 경제 블록 간에는 신기술 개발 경쟁이 격화될 것이며 보호주의도 더욱 강화될 전망이다.

보호주의는 미국처럼 단독으로 실행에 옮길 수도 있지만, 대부분의 국가에서는 이익을 공유하는 블록별로 진행될 것이다. 세계 질서의 재편에 영향을 미칠 수밖에 없다. 중국을 상대로 한 보호주의의 흐름은 4차 산업혁명을 선도하고 있는 미국과 EU 사이의 유대 관계를 돈독하게 만들 수 있다. EU 내 국가 간 결속력도 강해진다. 미국을 중심으로 하는 반중국 연합이 실현될 수 있다.

딜로이트 컨설팅 그룹은 2020년 미국이 제조업 경쟁력 세계 1위 자리를 탈환할 것이라고 예측하고 있다.[15] 그렇게 된다면 중국과의 격차를 더욱 확대하기 위한 미국의 보호주의는 더 강화될 것이다. 2021년 출범할 바이든 행정부는 더욱 체계적이고 전문적인 견제를 실행해 갈 것으로 예상된다.[16] 물론 중국도 여기에 대응하는 움직임을 보인다. 아시아인프라투자은행AIIB, RCEP 등 중국을 중심으로 한 경제 블록을 적극적으로 구축하고 세계 1위국의 위치를 굳히려 할 것이다. 보호주의는 국가 간 인적 및 물적 교류를 제한하여 세계화를 후퇴시킬 수 있으며 장기적으로는 선진 경제 블록과 후진국, 특히 선진국과 개발 도상국 간 격차를 더욱 크게 만듦으로써 국제 분쟁을 야기할 수 있는 요소다.

    기후 변화와 같은 글로벌 이슈는 단일 국가 혹은 단일 경제 블록의 노력만으로는 해결할 수 없기 때문에 국가 간 협력이 절대적으로 필요한 분야다. 기후 변화로 홍수, 이상 기온 등 자연 재해의 빈도는 증가하고 피해도 점점 커지고 있다. 기후 위기의 영향으로부터 자유로운 나라는 거의 없다. 기후 변화 문제가 국가 간 혹은 경제 블록 간 경쟁을 넘어 새로운 세계 질서를 끌어내는 요인이 될 수 있는 이유다. 2차 세계 대전 후 유엔UN, 국제통화기금IMF, 관세 및 무역에 관한 일반협정 GATT, 세계은행 등의 국제기구가 만들어지면서 세계 질서가 구축된 것처럼 기후 변화와 지속 가능한 성장이라는 글로벌 이슈를 해결하기 위한 국제기구들이 차례로 나타날 것이다. 다음 국제 질서는 기후 문제 해결을 위한 국제기구의 활동을 토대로 구축된다는 의미다.

3 제조업이라는 해결책

회복을 넘어 전환으로

코로나 판데믹 이후 침체된 경기를 회복하는 과정은 2008년 세계 금융 위기로 초래된 경기 침체를 벗어날 때와는 다르다. 2008년 금융 위기 당시에는 적자와 유동성 부족에 빠진 기업들에게 강력한 구조 조정을 조건으로 구제 금융을 지원하는 방식으로 침체를 극복했다.[17] 기존 제조업을 회생시키는 것이었을 뿐 새로운 동력을 만들어 낸 것은 아니다. 2011년 이후 경기가 지속적으로 둔화돼 온 이유다.

판데믹으로 침체된 경기는 복합적인 양상을 띠고 있다. GVC가 붕괴되어 생산 체계가 정지되고, 지역이 폐쇄되거나 사회적 거리 두기가 시행돼 소비가 줄어들었다. 또한 대규모 지원금이 이미 투입되어 침체 극복에 필요한 재원이 소진된 상황이다. 침체의 규모도 상당하다. 짧은 기간 동안 공급망이 붕괴되는 경험을 한 결과 2008년 금융 위기 때처럼 단순히 제조업을 원상 복구하는 것이 아니라, 구조적인 변화를 일으키는 회복을 지향할 것으로 전망된다.

2021년은 본격적인 회복 국면이 시작되는 시기다. 유력한 회복 전략은 4차 산업혁명을 활용하는 것이다. 지난 10년 동안 더욱 첨단화되고 값은 저렴해진 인공지능, 사물 인터넷 등의 기술을 성장 엔진으로 삼는 것이다. 일시적인 경기 회복이 아니라 새로운 성장 패러다임을 만드는 일이다. 그러면서

4차 산업혁명은 더욱 탄력을 받게 될 전망이다. 컨설팅 기업 PwC의 조사 결과에 따르면 실제로 기업의 재무 담당 최고 경영자들은 4차 산업혁명 기술이 인건비를 줄이는 데 기여하며 제품이나 서비스의 가치를 높이고 새로운 수입원을 만들 것으로 예측하고 있다.

선진국들의 4차 산업혁명 전략은 혁신을 더욱 가속화하는 방향으로 수정된다. 특히 코로나 판데믹 이후 세계 질서가 재편되는 과정에서 기술을 통해 자국 경제력을 강화하는 데 집중하게 될 것이다. 기업들은 특히 다음 영역에 역량을 집중할 것으로 보인다.[18]

첫째, 그동안 추진해 오던 자동화를 더욱 가속한다. 비대면 비즈니스에 대한 요구 증가에 대응하고 반복적이고 힘든 일을 줄이는 대신 직원을 더욱 가치 있는 업무에 배치하는 것이다. 사람의 실수로 발생하는 사고를 줄이며 갑작스런 작업 중지나 운전 중지를 줄이게 됨으로써 비용을 감축하고 상황 변화에도 민첩하게 대응할 수 있다.

둘째, 기업 간 전략적인 제휴나 인수가 활발해진다. 4차 산업혁명 기술을 독자적으로 확보하려면 장기간에 걸쳐 큰 규모의 투자를 해야 한다. 많은 기업들이 보완적인 역량을 가진 기업과 파트너십을 강화하거나 그런 기업을 전략적으로 인수하게 될 것이다. 신생 기업이나 중소 기업들은 재무 여건이 좋지 않거나 비대면 경제로 시장 진입이 여의치 않은 상황에 처해 있다. 이들이 독자적으로 난국을 극복하기 어려운 시점인 만큼, 사업 영역을 확장하거나 새로운 사업에 도전하려는 대기업에겐 인수 기회일 수 있다. 기업들은 경쟁력을 키우기 위해 클라우드 컴퓨팅, 첨단 데이터 해석, 인공지능, 로봇을 활용한 공정 자동화, 사물 인터넷 등의 영역에 투자를 늘릴 것이다. 핵심 사업 영역에 속하지 않는 자회사는 매각하거나 분할해 부채를 줄이고 유동성을 개선하여 기술에 투자할 여력을 확보할 것이다.

셋째, 공급 사슬을 안정화하기 위해 다음과 같은 전략을 활용한다. 기술을 활용하여 공급 사슬로 연결된 부품의 생산 라인을 자동화[19]하고 부품 규격을 표준화해 공급 사슬을 빠르고 스마트하게 바꾼다. 공급 사슬의 핵심은 내재화(지역화)해 공급 단계를 단축하고 외부 환경 변화에 대한 대응 능력을 높인다. 공급 사슬 전반의 자동화 솔루션을 영업 전략과 통합하여 전체 사업의 효율성을 높인다. 보유한 자산의 투명성을 높여 공급 사슬상의 기업들과 강한 신뢰 관계를 구축한다.

넷째, 사람에 초점을 맞추는 전략을 편다. 업무를 수행하는 직원이 공간적·시간적 제약을 느끼지 않고 일할 수 있도록 신기술을 도입하고 고위험 혹은 단순 반복 업무를 로봇으로 대체하는 방식이다. 여러 명의 직원을 해고하고 소수의 전문가를 채용하기보다 기존 직원의 역량, 직무, 배치 등을 세밀하게 분석하여 자기 계발에 동기 부여를 해주고, 성취도가 높은 직무에 재배치함으로써 직원의 의욕을 높여 생산성을 향상시키면 궁극적으로 기업의 수익성을 개선하고 시장에 좋은 이미지를 심는 데 도움이 된다.[20]

다섯째, 수익 증대를 위해 4차 산업혁명 기술을 확산시키는 데 집중한다. 4차 산업혁명 기술을 활용하여 제품과 서비스를 개발하거나 기존 제품을 재탄생시키는 것이다. 고객이 관심 있는 문제에 솔루션을 제공하고, 새로운 경험을 고객에게 제시해 이들이 새로운 가치를 창출할 수 있도록 하는 데 중점을 둔다.

기업이 이런 일들을 전례 없이 과감하고 신속하게 추진할 수 있는 것은 변화의 필요성을 명확하게 인식하게 되었기 때문이다. 기업의 가치 기준은 주주 중심에서 고객 중심으로 변화하고 있다. 전통적인 사업 형태로는 이윤을 추구하는 데 한계가 있고, 개인이나 사회 모두 코로나 판데믹으로 조성된 새로운 환경을 수용할 수밖에 없음을 인정하게 됐다. 게다가 경영자들은 새로운 시도에 앞서 조직이나 직원은 물론 가치 사슬로 연결되어 있는 다른 기업들을 설득하기 위해 투입해야 했던 많은 시간과 노력을 줄일 수 있게 됐다. 모두가 같은 경험을 했기 때문이다.

중요한 것은 그럴수록 인력에 대한 깊은 고려가 필요하다는 점이다. 판데믹으로 인한 경기 침체가 전쟁, 자연 재해 등으로 나타난 경기 침체와 다른 점은 학교 폐쇄, 격리, 사회적 거리 두기 등 사회 전체의 셧다운으로 인력의 손실이 발생했다는 것이다. 축적된 경험을 가진 인력이 생산 현장을 떠나야만 하고, 교육도 장기간 중단돼 신규 인력 배출은 지연되는 초유의 상황이다. 경기 침체 시에는 고경력 인력이나 단순 업무를 수행하는 일반직 인력이 영향을 많이 받는데, 특히 이탈한 고경력 인력은 경기 회복 후에도 돌아오지 않는다.[21] 장기적으로 스킬 공백이 생기게 된다. 공백을 채우고 인력 공급이 안정되기까지는 오랜 기간이 소요될 수밖에 없다.[22] 따라서 기업들은 과거 어떤 경기 침체 때보다 인력을 세심하게 관리해야 하며 경영진보다 핵심 인력을 유지하는 것에 중점을 둬야 한다. 디지털화의 필요성에는 대부분 공감하면서도 전문 인력 채용의 어려움이나 재원 부족, 직원 반발 등의 이유로 실행은 주저해 왔던 중소기업 경영자들도 이제는 디지털화를 생존의 문제로 받아들일 수밖에 없게 되었다. 시간과 비용을 줄이면서 효율적으로 디지털화를 달성하는 것이 경영자의 몫이 된 상황이다.

팬데믹 회복기의 산업

팬데믹 이후 회복기에 진행될 산업 부문의 변화를 더 살펴보자. 우선 비대면 생산이나 노동 조건에 구애받지 않는 생산에 대한 수요가 증가함에 따라 자율화는 더 빨라질 전망이다. 물론 여기엔 디지털화가 필수적이다. 디지털 전환이 빠르게 진행돼 CPS나 디지털 트윈이 본격적으로 자리 잡고, 인공지능이 융합된 로봇을 활용하는 자율화 생산 체계가 일반화될 것이다. 이렇게 되면 24시간 사람 없이 가동하는 자율 운전 공장도 가능하다. 이런 공장에는 심지어 조명조차 필요 없을 수 있다. 이처럼 자율화가 진행되면 선진국이 첨단 생산 기지를 자국 내에 배치하는 것을 막았던 높은 인건비라는 요인은 사라진다. 첨단 제조업의 국내 회귀가 용이해지면서 선진국들이 첨단 생산 공장을 자국 내에 두게 되면 기술 보호주의의 경향도 강화될 것이다. 대기업 혹은 다국적 기업들은 지역적으로 가까운 곳에 안정적인 가치 사슬을 구축해야 할 필요에 따라 공급 사슬에 연결된 지역 내 중소기업의 디지털화를 적극 지원하게 될 것이다.

자본과 인력은 물론 기술이나 제품의 국가 간 이동에 대한 통제가 강화되면서 통상 장벽은 높아지고 무역 마찰도 잦아질 전망이다. 미국이 화웨이에 대해 발효한 제재 조치처럼 핵심 부품을 특정 기업이 아예 사용할 수 없게 하는 정도까지는 아니더라도, 국익이나 자국이 속한 경제 블록의 이익을 앞세운 통상 마찰이 이어질 것이다. GVC의 특성상 한 기업이 하나의 공급 사슬에만 속하지 않고 다양한 GVC에 걸쳐 있기 때문에, 통상 마찰은 해당 기업뿐 아니라 국가 산업 전반에까지 영향을 미칠 수 있다. 글로벌 이슈로 발전할 가능성도 높다. 이런 동향에 대응하여 안정적인 성장을 유지하고 경쟁력을 강화하기 위해 특히나 표준, 인증을 공유하는 경제 집단, 경제 블록이 형성될 것이다. 얼마 전까지는 정부 주도로 산업 체계 전반의 혁신을 추구한 CPS 기반의 독일의 인더스트리 4.0과 민간 주도로 산업 체계 전반의 자산 흐름에 초점을 맞춘 미국의 IIoT가 독립적, 경쟁적으로 추진되어 왔다. 그러나 최근에는 IIoT가 인더스트리 4.0을 실현하는 핵심 수단으로 활용될 수 있고, 상승 효과를 낼 것이라는 전망이 나오면서 두 체계가 상호 보완적인 협력 관계로 발전하고 있다. IIoT와 인더스트리 4.0의 이러한 협력으로 4차 산업혁명은 더욱 빠르게 진행될 것이며 결국 4차 산업혁명의 깃발 아래 미국과 유럽이 하나의 경제 블록을 형성하여 중국 등 부상하는 신흥 경제국들을 견제하게 될 것이다. 이들은 산업은 물론 사회 전반에 상호 운용성[23], 즉 호환성을 갖는 체계를 공유함으로써 내부에서는 이익과 기회를 공유하고 외부적으로는 기술 보호, 산업 보호를 무기로 배타적 우위를 확보하려 할 것이다.

코로나 판데믹 이후 세계 질서 개편에는 기후 변화 요소가 여러 형태로 반영될 것이다. 예를 들면 제품이나 서비스의 환경 부하를 평가하는 전 과정 평가(LCA·Life Cycle Assessment)나 이산화탄소 발생량을 나타내는 탄소 발자국carbon footprint을 평가하고 규제하는 것이 의무화될 것이다. 이것이 국제 규약에 반영되면 통상 환경도 영향을 받는다. 기술적으로 우위에 있는 선진국들은 이러한 규제를 통해 국제적인 통제를 점점 강화할 것이다. 제품의 전체 수명 주기 동안 환경에 기준치 이상의 부담을 주는 제품의 유통은 금지될 수 있다. 어느 국가든 기후 변화와 관련된 요소들을 통제해야 할 필요가 있지만, 환경 관련 규제가 선진국과 개발 도상국 경제권 사이의 통상 문제와 맞물리게 되면 국제 관계가 대단히 복잡한 양상으로 전개될 수 있다. 당분간은 이와 같은 국가 간 이해 충돌이 있겠지만, 궁극적으로 기후 위기는 국제 사회가 해결해야만 하고 몇몇 국가들의 노력만으로 해결할 수 없는 문제이므로 파리 협정[24]을 강화하거나 리우 환경 선언[25] 같은 국제적인 움직임을 통해 새로운 조직이나 기준을 만들어 통제를 강화하게 될 것이다. 선진국 주도의 통제만으로 성과를 내기는 어려우므로 코펜하겐 사회 개발 선언[26]과 같이 저개발 국가를 지원하는 움직임도 강화될 전망이다. 기후 변화에 대응하기 위한 움직임이 가속화하는 것이다.

2021년부터는 경제 침체가 본격적으로 회복될 전망이지만, 그렇다고 해도 예상되는 2021년의 실물 경제 수준은 대략 2013년과 비슷한 정도다.[27] 각국 정부는 대규모 재정 투입으로 늘어난 채무를 효과적으로 회수하기 위한 출구 전략에 골몰하게 될 것이다. 재정 투입 효과가 큰 서비스업이나 보건 등 사회 인프라 구축 및 보완에 우선적인 관심을 갖게 되겠지만, 최종적으로 집중해야 할 전략은 제조업 부문을 강화하는 것이다. 속도는 가장 느리지만 궁극적인 해결책을 만들 수 있는 분야기 때문이다.

연결, 협력, 통합

코로나 판데믹 이후 경기를 성공적으로 회복시키거나 기업이 성장의 발판을 마련하기 위해서는 다면적인 특성을 갖는 환경에 적합한 전략을 짜야 한다. 4차 산업혁명 기술을 본격적으로 활용하기 위해서는 지식을 창출하고 이전하여 산업화하는 일련의 과정을 연결하는 인프라를 구축하고, 이것이 공정하고 투명하게 운영될 수 있도록 제도적으로 뒷받침해야 한다. 지금까지와 같은 분절되고 파편화된 접근으로는 진행이 가속될 4차 산업혁명이나 기후 변화 등의 이슈 등장에 효과적으로 대응할 수 없다. 새로운 패러다임에 효과적으로 적응하고 우위를 점하기 위해서는 어떤 전략을 택해야 할까.

우선 지식(인력)-인프라(조직 체계)-제도가 유기적으로 연결된 생태계가 작동하게 하는 것이 핵심이다. 예를 들면 이런 방식이다. 자족 기능을 갖춘, 환경 친화적인 스마트 도시를 건설한다면 도시 설계 전문가가 환경, 교통, 정보 통신 분야의 전문가들과 공학자, 법률가, 관계 부처 공무원 등과 함께 도시의 에너지, 자원의 조달 및 재활용, 물류 체계, 인구 이동에 관한 도시 인프라를 설계하고 운영 계획을 수립해야 한다. 도시 생태계가 작동하는 데 필요한 재원 마련, 인프라 운영, 폐기물 관리 등에 필요한 제도도 만들고, 도시 운용에 지속해서 참여해야만 유기적인 생태계가 작동할 수 있다. 생태계 관점의 접근은 대규모 생산 시설을 새로 만들 때, 기존 산업 시설을 리모델링할 때도 필요하다. 생태계적 접근에는 많은 재원이 장기간에 걸쳐 소요되고 이해가 걸린 사람들도 있기 마련이므로 광범위한 사회적 합의 과정을 거치는 것 또한 중요하다. 이해 당사자 대부분이 생태계가 효율적으로 작동함을 실감할 때 4차 산업혁명 패러다임에서 요구되는 민첩성·유연성·투명성·다양성을 확보하고 높은 수준의 회복성을 기대할 수 있다.

두 번째로, 주류가 될 상호 운용성을 적극 수용해야 한다. 앞서 언급했듯 가까운 미래에는 이익을 중심으로 한 경제 블록이 등장할 것이다. 경제 블록의 경계는 곧 상호 운용성의 범위와 일치한다. 부품이나 기기, 생산 체계 등이 서로 호환될 수 있는 지역이 곧 경제 블록이다. 상호 운용성은 기초적인 통신 프로토콜에서부터 부품의 규격과 성능 등 다양한 범주에서 여러 공동 활동을 통해 자리를 잡아 갈 것이다. 따라서 기업은 물론 정부도 참고 모델 설정이나 시범 사업 등에 적극 참여해야 한다. 스마트폰 시장의 운영 체계가 애플의 iOS 진영과 구글의 안드로이드 진영(구글)으로 양분되어 있고, 다른 운영 체계는 설 땅을 찾지 못하고 있는 것처럼 한번 자리 잡은 운영 체계는 강한 배타적 성격을 갖는 경향이 있다. 상호 운용성과 직간접적으로 연결되는 국제 표준이나 인증 활동이 더 중요해지는 이유다.

셋째, 기후 변화와 연관이 있는 국제회의나 국제기구에 적극 참여하여 우리의 이익을 대변하고 국내 산업이 대비하는 데 필요한 시간을 벌어야 한다. 여러 통로를 통해 다양한 수준으로 이뤄지는 국제 활동을 통합적으로 관리하여 대외 정책을 일관성 있게 추진하고, 국내 정책에도 반영하여 국제적인 리더십으로 연결되게 해야 한다. 제품 개발의 방향은 이전과 완전히 달라질 수 있다. 가령 이전에는 재활용성과 상관없이 성능만을 중시했다면, 앞으로는 성능을 다소 희생하더라도 재활용성을 높여 탄소 배출을 줄이는 방향으로 변화하는 것이다. 환경 부하를 줄이기 위해서다. 이런 흐름에 대비하지 않고 방치할 경우 새로운 통상 기준을 충족하는 제품을 생산하지 못할 수 있다. 국제적인 협약 혹은 기준이 마련되지 않은 상태에서 다른 국가와 협력하지 않고 단독으로 생산을 추진할 경우 성능 경쟁에서 밀려나 시장을 잃게 된다. 새로운 국제 질서가 형성되는 시기에는 국제적인 흐름과 국내 산업의 체질 변화를 동기화시키는 것이 필수다. 패러다임 변화에 맞춰 산업의 체질을 바꾸어야 할 적절한 시점을 놓치면 만회할 기회가 없을 수도 있다.

코로나 팬데믹으로 세계화의 약점이 드러나긴 했지만, 세계화가 중단되지는 않을 것이다. 제조업 회귀나 집중화와 분권화의 조화 등을 통해 더욱 안정된 GVC가 구축될 것이며 산업의 혁신 속도는 더욱 빨라질 것이다. 이러한 속도를 따라잡는 유용한 수단 중 하나가 플랫폼이다. 인공지능, 자율 로봇, 클라우드 컴퓨팅, 사물 인터넷, 3D 프린팅과 같은 4차 산업혁명 기술은 물론 양자 기술, 5G·6G 기술, 디지털 소재 기술을 플랫폼화하여 다양한 기술과 산업이 올라탈 수 있게 해야 한다. 이와 함께 지식 플랫폼, 정부-공공-민간이 공동으로 참여하는 교육 플랫폼 등 전문성을 갖춘 다양한 플랫폼들을 육성하여 속도 경쟁에 대비해야 한다.

뉴 노멀이 온다

뉴 노멀이란 2008년 글로벌 금융 위기 이후 저소득, 저수익, 고위험을 특징으로 하는 새로운 경제 환경이 자리 잡은 것과 같이 사회 경제적으로 큰 영향을 미친 사건 이후 새로 형성되는 경제 환경의 특징이나 성격을 말한다. 금융 위기 정도가 아니라 1930년대의 대공황, 심지어 2차 세계 대전보다 더 큰 충격을 안겨 주고 있는 코로나 판데믹은 향후 새로운 사회 경제적 환경을 만들어 낼 것이 분명하다. 아직 진행 중인 데다 워낙 짧은 기간 동안에 전 세계를 한꺼번에 침체시킨 탓에 새로 형성될 뉴 노멀의 모습을 가늠하기가 쉽지는 않다. 2020년 3월 세계보건기구WHO가 판데믹을 선언한 지 9개월이 넘게 지나면서 뉴 노멀에 관한 논의가 활발해지고는 있으나, 백신이 개발됐음에도 코로나19의 완전한 종식 시점을 알 수는 없기 때문에 불확실한 점도 많다. 그럼에도 예측할 수 있는 점은 일상생활은 물론 산업 활동의 거의 모든 부분에 새로운 기준과 방식이 도입될 것이라는 점이다. 판데믹이 비대면 생활 환경을 만들고, 안정적인 생산 체계를 유지하되 기후 변화 대응에 나서야 한다는 세계적인 공감대가 형성되도록 했기 때문이다. 판데믹으로 조성된 환경에 세계가 어느 정도 익숙해지면서 뉴 노멀의 형성에 영향을 줄 수 있는 요소들이 일부 드러나고 있다.[28] 뉴 노멀을 다음과 같이 예측해 볼 수 있다.

국경의 부활

정보 통신 기술의 발전으로 거의 사라졌던 거리distance의 한계가 부활했다. 국경 통제가 강화되고 있기 때문에 경제 주체들은 제품이나 서비스의 글로벌 교역보다 역내 교역에 더욱 무게를 둘 것이다. 글로벌 경제의 동시 셧다운으로 커진 세계화에 대한 반감이 새로운 형태로 전개된다. 최종적으로 제품이 소비되는 시장 근처에서 자원을 공급받고 생산을 함으로써 공급 사슬 변동에 대한 대응력을 높이는 등의 방식이다. 산업계에 종사하는 인력과 같은 전문 인력의 국가 간 이동은 제한되고, 자국민의 안전을 확보하는 필수 물품에 대한 관세 장벽은 높아질 것이다. 자국 산업이나 기술을 보호하기 위해 국외 이전에 필요한 심사를 강화하는 등 정부의 통제가 강화되고 보호주의가 확산될 전망이다.

회복 능력

맥킨지 보고서에 따르면 자연재해, 전염병(에피데믹 혹은 판데믹), 지역 분쟁, 국가 간 분쟁 등으로 1개월 이상 글로벌 공급 사슬을 중단시키는 사건은 세계적으로 평균 3.7년마다 한 번씩 발생했다.[29] 게다가 빈도는 점점 잦아지고, 충격의 정도는 커지고 있다. 충격을 흡수하고 그것으로부터 벗어나는 회복 능력resilience이 생존과 장기적인 성장의 열쇠가 될 것이다. 기업의 회복 능력은 위기 시 운영 비용을 절감해 재정을 균형적으로 유지하는 능력, 안정된 공급 사슬 구축 및 유지, 핵심 인재 육성 체계 등으로 정의할 수 있다. 기업들은 이러한 능력을 갖추는 데 더욱 큰 관심을 갖게 될 것이다. 빈발하는 외부 충격으로부터 빠르게 벗어나는 역량이 비용 절감이나 효율성 향상만큼이나 중요해지는 것이다.

비대면과 자동화

코로나 팬데믹으로 조성된 비대면 환경은 전자 상거래, 원격 의료, 자동화에 극적인 변화를 불러오고 있다. 그동안 보조적인 거래 수단 정도로 받아들여지거나 일부 산업 영역에서만 활성화되고 있었던 전자 상거래는 거의 모든 영역으로 확대되고 있다. 코로나는 전자 상거래에 거부감을 가져 왔던 고령 소비자들의 쇼핑 습관까지도 일거에 변화시켰다. 미국 인구조사국US Census Bureau의 보고에 따르면, 2020년 2분기 미국의 소매 전자 상거래는 코로나19가 본격적으로 확산하기 전인 1분기 대비 31.8퍼센트 증가했다.[30] 규제에 막혀 성장이 더뎠던 원격 의료 역시 개인 보건에 대한 관심이 높아지면서 급격히 확대되고 있다. 미국의 경우 원격 진료 비율이 2019년 11퍼센트였으나 2020년 5월 기준 46퍼센트로 늘어났다. 이와 같은 확장에 힘입어 2019년 30억 달러(3조 2620억 원) 규모였던 원격 진료 시장이 2021년 말 시점에는 2500억 달러(271조 8250억 원)까지 성장할 것으로 전망되고 있다.[31] 경기 침체로 기업들이 생존에 초점을 맞추면서 비용 절감에 집중하는 데다, 비대면 제조 환경을 선호하는 분위기로 자동화에 대한 거부감이 줄어들어 공장 자동화도 급진전될 것이다. 산업 인터넷, 인공지능, 자율 로봇, 원격 제어 등 기술의 발전으로 자동화가 쉬워지고 저렴해지면서 제조는 일부 자동화를 넘어 완전 자율화를 향해 갈 것이다.

정부의 개입

코로나 판데믹과 같은 위기 상황에서는 정부의 통제나 개입을 용인하는 경향이 있다. 정부는 코로나 판데믹과 같은 전염병 유행을 막아야 할 의무가 있으며, 보건 위기에 적기에 대응하기 위해 일시적으로 인권을 제한할 수도 있다. 국민의 이동을 제한하는 조치나 방문 장소 및 시간 기록 등이 대표적이다. 단, 기준 없이 감시만 늘리는 것은 불법일 수 있으므로 조치는 법으로 정한 범위 내로 이루어져야 하며 필수 불가결할 때 한시적으로 시행되고, 투명하고 적절하게 관리돼야 한다. 정부가 신속하고 정확한 역학 조사를 위해 스마트폰이나 GPS 정보를 이용할 수는 있지만, 개인 정보를 철저히 관리하고 보호해야 한다. 안면 인식을 이용한 개인 식별 등 사회 안전을 확보하기 위해 정부가 활용할 수단이 늘어나는 만큼 권한을 남용할 우려가 있기 때문에 권위 있는 감시 체계가 필요하다.

코로나 판데믹 위기를 극복하기 위해 각국 정부는 지난 수십 년간 보지 못했던 수준으로 경제 활동에 관여하고 있다. 각국 정부가 기초 생활 지원, 고용 유지, 기업 지원에 투입한 재정 지원 규모는 2020년 9월 기준으로 11조 7000억 달러에 달한다. 이는 세계 GDP의 12퍼센트에 해당하는 금액이다.[32] 2차 세계 대전 후 재건을 위해 시행된 마셜 플랜[33]의 9배 규모이기도 하다. 판데믹 이후에도 공공 보건 제도를 개편하고 글로벌 협력 생태계를 재정립할 필요가 있기 때문에 정부의 개입은 늘어날 것이다. 공적 자금의 배분 기준이나 회수 과정에 관한 정보가 투명하게 공개되고 감시되어야 경기 침체를 벗어나는 과정에서 정부가 리더십을 발휘할 수 있다. 또한 전 세계적으로 기후 변화에 대응할 필요성도 커지면서 정부가 산업 부문의 활동에도 더 적극적으로 개입하게 될 것이다. 사회의 여러 부문은 점점 늘어나는 정부의 개입에 적응하게 되겠지만, 정부가 어떻게 개입을 축소해 갈 것인지, 정부의 역할을 어떻게 조정해 갈 것인지는 다음 10년 동안의 가장 중요한 이슈가 될 것이다.

사회적 가치 실현에 대한 감시

긴급하게 투입한 막대한 자금을 회수하는 동안 개인이 부담하는 세금은 늘어나지만 정부로부터 받게 되는 서비스는 줄어드는 상황이 현실이 될 것이다. 사람들은 세금이 공익을 위해 공정하게 쓰이기를 바라기 때문에, 공적 자금을 지원하는 정부나 공적 자금을 지원받는 기업의 활동에 대한 관심이 높아지고 시민 사회의 감시도 늘어날 것이다. 코로나 판데믹이 길어져 재정 투입이 늘어나거나 경기 회복이 늦어져 세금 부담이 커질수록 정부와 기업의 활동이나 재정 투입의 효과에 대한 감시는 강화될 것이다. 공공 자금의 운영에 대한 시민 사회의 감시는 정부와 기업, 기업과 사회의 관계에 실질적인 영향을 미친다. 이윤 추구 중심의 산업 활동에서 벗어나야 한다는 데에 시민 사회가 공감하게 되면, 정부나 기업 활동도 고객이나 사회의 가치 실현에 무게를 두는 방향으로 전환되는 것이다. 공공 부문에서는 근로자의 안전 강화를 위한 투자 확대 요구가 늘어날 전망이다. 판데믹 이후 경기가 회복되는 시기가 예상보다 늦어질수록 이런 감시는 강화될 것이고, 사회적 균열로 확대될 수도 있다.

판데믹 이후 구성되는 뉴 노멀에 대응해야 할 필요성은 점점 커지고 있다. 글로벌 가치 사슬에 의존하는 사업 구조를 갖고 있어 회복 능력이 부족한 기업은 코로나 판데믹 이전의 상황으로 돌아가기 어려울 것이다. 대표적으로, 실시간 공급 체계와 같은 공급 사슬에 의존해 온 전통적인 자동차 산업[34]은 코로나 판데믹 이후 회복 과정에서 구조적으로 변화해야 한다는 압력을 받게 될 전망이다. 우선 부품의 안정적인 공급을 확보하는 것이 비용 절감이나 신제품의 빠른 개발 못지않게 중요한 관리 대상이 된다. 공급 사슬을 안정시키기 위해 부품 제조 기업을 국내로 회귀시키거나 국내 공급망을 강화하는 방안 등을 모색할 것이다. 최근 전기 자동차 산업이 급격히 성장하고 있다. 이에 따라 대용량 급속 충전 배터리 등 우월한 경쟁력을 갖춘 가치 사슬을 구축하는 경쟁도 치열하게 전개될 것이다. 또한 기후 변화나 환경에 대한 기여 등 사회적 가치가 시장에 영향을 미치므로 자동차 제작사도 직접적인 이윤 추구에서 고객이나 사회의 가치 창출에 기여하면서 장기적으로 이윤을 추구하는 형태로 변화되어 갈 것이다.

산업이 삶을 바꾼다

지금의 산업과 결별하라

코로나 팬데믹도 영원히 지속되지는 않는다. 완화되든 종식되든, 세계는 위기를 극복하고 새로운 번영을 추구하게 될 것이다. 사회 경제적 안정, 개인의 보건 및 안전을 확보하는 데 필요한 새로운 기준들은 뉴 노멀로 자리 잡게 된다. 4차 산업혁명 역시 생산성 향상을 넘어 근본적으로 새로운 산업 패러다임을 만드는 방향으로 전환된다. 기존 산업 패러다임으로는 더 이상의 생산 혁신을 기대하기 어려운 상황을 극복하기 위해 4차 산업혁명이 발생했듯, 코로나 팬데믹으로 확실히 드러난 세계화의 취약점을 극복해야만 지속 가능한 번영을 추구할 수 있다. 과거와는 다른 사고와 접근 방법을 찾아야 할 때다.

역사는 축적의 결과물이다. 어느 시기든, 어떤 상황에서든 과거와 완전히 단절될 수는 없다. 과거와의 결별은 이전의 사고나 접근 방식에 집착하지 말고 새로운 환경에 집중하자는 의미다. 패러다임이 변화하는 시기에는 과거의 방식이 더 이상 적용되지 않는 경우가 많다. 혁신은 항상 새로운 생각과 시도를 통해 이루어져 왔다.

과거와 다르게 생각하고 새로운 시도를 하는 것은 쉬운 일이 아니다. 새로운 생각을 실천으로 옮길 때는 인프라도 갖춰져 있지 않고, 축적된 경험도 없다. 결과를 얻기까지 과정이 효율적이지 못하고 불편할 수밖에 없다. 이제까지 누려 오던 익숙함, 편리함, 효율성을 상당 부분 포기하는 고통이 있을 수도 있다. 과거와 결별하고 새롭게 시작하기 위해서는 그만큼 절실한 동기와 큰 에너지가 있어야 한다. 그리고 4차 산업혁명이 시작된 배경이나 코로나 팬데믹으로 조성된 환경은 새로운 변화를 추구하기에 충분한 조건을 갖추고 있다.

우리가 결별해야 할 과거는 장기간 지속된 결과 현재의 글로벌 이슈를 불러온 산업 체계다. 1차 산업혁명 이후 디지털 혁명에 이르기까지 기술은 눈부시게 발전해 왔지만, 우리는 에너지의 대부분을 여전히 화석 연료에 의존하고 있으며 대량 생산과 대량 소비 방식의 산업 형태를 벗어나지 못하고 있다. 편리성과 고성능을 추구함으로써 자원을 과다하게 소비하는 제조 방식도 혁신하지 못했다. 그 결과 플라스틱이 토양은 물론 해양을 오염시켜 전체 생태계를 위협하고 있으며 사용량이 많은 주석, 아연, 인듐, 구리, 니켈 등은 고갈돼 가고 있다. 구리를 얻기 위해 사용한 원광석의 품위(구리 성분이 차지하는 비율)는 1900년대에는 평균 4퍼센트였으나 1950년대 0.96퍼센트, 2000년대 0.44퍼센트로 낮아졌다.[35] 원광석의 품위가 낮아지면 제련에 들어가는 물이나 에너지가 기하급수적으로 늘어나고, 배출되는 이산화탄소와 폐기물의 양 역시 급격히 증가한다. 자원 고갈이 자원 부족 차원의 문제가 아니라 환경 문제이기도 한 것이다. 화석 연료의 사용으로 기후가 변화하면서 자연재해가 발생하는 빈도가 증가하고 피해의 정도는 더욱 커지고 있으며 해수면이 빠르게 상승하고 있다. 기후 변화를 완화시키고 궁극적으로는 되돌리기 위해 필요한 조치들을 더 이상 늦출 수 없다.

  그렇다면 어떤 변화가 필요할까. 우선 1차 산업혁명 이후로 구축돼 온 대량 생산-대량 소비 산업 체계를 환경 친화적인 산업 체계로 완전히 전환해야 한다. 환경에 미치는 영향을 고려하지 않고 성능이 좋은 값싼 물건을 당연하게 받아들였던 과거에서도 벗어나야 한다. 가격과 효율에 중심을 맞춘 제조업, 자본과 기술의 집중으로 심화된 집단 및 계층 간 불평등, 기술 발전의 역작용으로 나타난 개인의 소외와 프라이버시 침해, 자원 고갈, 환경 오염도 벗어나야 할 과거다. 고령화되고 있는 인구 구조가 사회적 재앙이 되는 것도 막아야 한다.

변화는 위험을 동반한다

우리가 벗어나야 할 것은 비단 과거로부터 누적돼 온 유산만은 아니다. 새로운 기술이 가져오는 위험에도 대비해야 한다. 인공지능을 활용하는 범위가 확대되고 의존도가 높아짐에 따라 점점 더 큰 이슈가 되어 가고 있는 인공지능의 위험[36], 극소수 조직이 정보를 독점함으로써 생기는 왜곡, 조작, 악용과 같은 문제점, 소수의 경제 주체들에게 경제력이 집중되어 나타나는 독점의 폐해, 정보 불평등과 같은 새로운 형태의 불평등이 그 예다.

20세기 후반 글로벌화로 외형적으로는 세계가 하나로 연결되었지만 국가 간, 계층 간, 세대 간, 지역 간 격차divide는 오히려 확대되어 사회 갈등의 원인이 되고 있다. 이러한 격차는 기술 발전으로 해소되는 것이 아니라 오히려 확대되는 경향이 있다. 정치적으로도 이런 경향을 방조하거나 악용하는 사례가 겹치면서 갈등은 더욱 심화되고 있다. 산업 발전의 결과로 확대되는 격차를 더 이상 방치하지 않는 것이 뉴 노멀, 코로나 판데믹 이후의 경기 회복 과정, 4차 산업혁명의 큰 방향이 되어야 한다. 디지털화, 자율화, 인공지능 등 4차 산업혁명 기술은 인간의 노동이나 지적 활동을 로봇이나 인공지능으로 대체하고, 임시직 경제gig economy를 활성화하는 등 직업의 형태를 바꾼다.[37] 인간의 사회적 활동을 축소시켜 사회로부터 인간을 더욱 고립시킬 수 있고 디지털 문화에 적응하는 사람과 적응하지 못하는 사람 간 간극을 더욱 벌릴 가능성이 있다. 특히 현재의 직업 중 많은 직종이 사라지고 새로운 직업이 등장하는 변화가 발생하는데, 이에 적응하지 못하는 사람들을 고려해야 한다.

산업적으로는 '제조업을 위한 제조업'에서 탈피해야 한

다. 표준화된 부품이나 제품을 대량으로 제조하고 규격화된 제품을 정해진 가격으로 구매하여 사용하는 패러다임에서 인간을 위한, 지속 가능한 발전을 위한 제조업으로 전환하는 것이다.

한편 산업 간 혹은 기술 간 융합이 일반화되어 경계가 불분명해지고 기존 산업 어디에도 속하지 않는 산업들이 등장하면서 산업별 경계가 비교적 분명할 때 만들어진 많은 제도들은 실효성을 상실해 가고 있다.[38] 기존 제도는 새로운 산업이 성장하는 데 도움이 되기는커녕 오히려 장애로 작용하는 경우가 많으므로 새로운 제도의 틀을 짜는 것이 필요하다.

지속 가능한 성장을 위해 세계 공통의 이슈들은 물론, 우리에게만 해당하는 몇 가지 환경에 대해서도 대응책을 마련해야 한다. 기술을 많이 따라잡긴 했지만, 한국은 여전히 선진국의 과학 기술에 의존하는 성장 패러다임을 유지하고 있다. 오랫동안 선진국의 문턱을 넘지 못하고 현재의 수준에 머물러 있는 이유를 진단하고, 정체에서 벗어날 방안을 찾아야 한다. 뉴 노멀 환경에서 지속적으로 발전할 수 있는 체제로 전환하는 것이 필요하다. 이는 동시에 선진국의 리쇼어링이 본격화되면서 GVC가 짧아지고 지역 가치 사슬의 역할이 중요해지는 세계 질서 재편에 대응하는 전략이어야 한다. 산업적으로는 기후 변화나 환경 오염 등이 새로운 통상 규제 요소가 될 때를 대비해 산업 구조를 혁신해야만 한다. 특히 이런 요소들이 통상 이슈로 연결되면 우리는 글로벌 공급망의 중심에 있는 중국과 가장 큰 소비 시장을 가진 미국의 사이에 낀 지정학적 위치와 중국에는 중간재(소재 및 부품)를, 미국에는 완제품을 수출해야 하는 산업 구조상 매우 어려운 선택을 강요당할 수밖에 없다. 치밀한 대비 전략이 필요한 이유다.

지속 가능한 산업

현재 인류가 부딪힌 문제들은 여러 요인이 누적되어 온 결과다. 원인이 복잡하기 이를 데 없다. 각각의 요인은 처음에는 작게 시작했지만 점점 확장되고, 다른 요인들과 얽히면서 거대하고 복잡한 문제가 되었다. 얽히고설킨 문제를 풀기 위해서는 문제를 구성하는 요소들을 분해하여 해석하고, 결과를 통합적으로 재구성하는 과정이 필요하다.

현재의 글로벌 이슈를 만들어 낸 요소들에서 벗어나 새로운 체제를 안착시키지 못하면 지속 가능한 성장은 기대하기 어렵다. 혼란스럽고 불안정한 경제 상황도 계속 이어질 수 있다. 그렇다면 어떻게 새로운 체제를 만들어 낼 수 있을까. 21세기에 접어들면서 유엔은 세계가 지속 가능한 성장을 계속하는 데 필요한 과제들을 추진해 왔다. 유엔은 국제 사회 최대의 공동 목표인 밀레니엄 개발 목표(MDGs·Millenium Development Goals)[39]

를 2000~2015년 동안 실행한 데 이어 2016년부터 2030년까지는 지속 가능 개발 목표(SDGs·Sustainable Development Goals)[40]를 달성하기 위해 노력하고 있다. SDGs 목표를 달성하기 위해서는 과학 기술, 산업, 제도 등 여러 면에서 높은 수준의 국가 간 협력이 필요하다.

사회적으로는 새로운 인프라 구축에 대규모 재원을 투입해야 한다. 이산화탄소를 배출하는 산업 활동에 탄소세를 부과하는 것과 같이 강력한 통제력을 가진 제도들도 등장할 것이다. 일반 소비재의 가격은 인상되고, 재활용률을 높이기 위해 일부 성능을 희생하게 될 것이다. 제품의 사용 수명을 늘리고, 재사용이 가능하게 하고, 호환성을 높여 다용도로 사용할 수 있도록 만들기 위해 설계를 단순화해 편리성은 줄어들 것이다. 소비자가 이런 제품을 자발적으로 선호하기는 쉽지 않으므로 정부가 제도와 교육 등 다양한 수단을 활용하여 사용을 유도해야 할 것이다. 기업의 사회적 가치와도 연결할 필요가 있다. 특히 이런 변화는 한 나라가 단독으로 추진해서는 효과가 제한적이므로 강한 공조 체계를 구축해 보조를 맞춰야 한다.

기후 변화를 완화시키고 원래대로 되돌려 놓는 데도 첨단 기술을 활용할 수 있다. 예를 들어 플라스틱에 의한 환경오염 문제를 해결하기 위해서는 플라스틱만큼 값싸고 편리하지는 않더라도 플라스틱을 대체할 수 있는 소재를 개발하거나, 값이 비싸더라도 생분해성이 뛰어나 오염을 일으키지 않는 플라스틱을 만들어 사용해야 한다. 기술 문제가 아니라 경제성이 없다는 이유로 시장에 나올 수 없었던 제품들이 사용될 수 있는 환경이 조성될 것이다.

세계는 남극 상공에 뚫린 오존층을 복원하기 위해 공동 대응을 해본 경험이 있다. 오존층 파괴의 원인 물질인 프레온가스의 사용을 금지하는 대신, 수소불화탄소 등 대체 물질을 개발하고 상업화함으로써 남극의 오존층을 회복시켰다. 세계 각국은 이처럼 산업 전반에 적용되는 새로운 환경 기준과 제도를 공동으로 마련하게 될 것이다. 다만, 기후 변화에 효과적으로 대응하면서도 지속적인 발전을 해치지 않으며 경제적으로 이익이 되는 방안을 찾아야 한다. 프레온가스처럼 유해 물질 금지 조치를 하는 것 외에도 간접적인 방법을 광범위하게 적용할 수 있다. GVC를 예로 들어 보자. 코로나 판데믹으로 GVC가 한꺼번에 붕괴된 것은 많은 제품들이 필요 이상의 다기능을 갖고 있어서 많은 수의 부품을 사용해 GVC가 길어질 수밖에 없었기 때문이기도 하다. 부품을 공급하는 기지가 세계 도처에 흩어져 있어서 한 지역의 생산 중단만으로도 전체 GVC가 멈추게 된다는 점도 원인이었다. 제품 기능을 단순화하면 소요되는 부품 수가 줄어들기 때문에 가치 사슬이 짧아진다. 리쇼어링으로 지역 내에서 가치 사슬을 구성하면 공급 지역의 정치 경제적 불안정이나 자연 재해로 인한 중단 위험을 줄일 수 있고, 제품 운송에 소요되는 시간과 비용도 절감할 수 있다. 이런 해결책은 부품의 재사용 혹은 재활용을 확대하고 온실가스 배출을 줄일 수 있으므로 환경 개선에 기여하고, 기업의 비용도 절감하게 해준다. 모두에게 이로운 해결 방안인 셈이다.

제조업이 사라진 제조업의 시대

원시적인 삶을 살지 않는 이상 어떤 형태로든 생활에 필요한 물자는 있어야 하고 이를 생산하는 제조업 역시 반드시 필요하다. 제조업은 자급자족에서 시작해 가내 수공업, 공장 공업을 거쳐 발전해 왔다. 공장 공업의 형태도 현장 노동자의 수작업에서 시작해 산업용 로봇을 이용한 자동화까지 발전되어 왔으며 이제는 인공지능을 장착한 로봇이나 제어 시스템이 자율적으로 운전하는 형태로 나아가고 있다.

그동안 제조업이 지향해 온 것은 품질이 우수한 제품을 값싸게 공급하기 위해 표준화된 제품을 대량으로 제조하는 것이었고, 높은 생산성과 낮은 가격이 가장 중요한 고려 대상이었다. 이런 제조업의 형태는 소비층과 소비 패턴이 변화하고, 사회 경제적 환경도 달라지면서 변화할 전망이다. 제품의 기능에 초점을 맞추던 사용자들은 이제 제품의 가치, 즉 의미나 경험을 더 중시한다. 생산자의 최대 이익, 소비자의 편리함(제품 기능)과 풍요로움(품질 대비 낮은 구매 가격)을 추구하던 제조업도 이제 고객의 가치와 경험을 중시하기 시작할 것이다.[41]

제조업의 가치 기준이 달라지고 있는 것은 단순히 환경이 변하고 있기 때문만은 아니다. 첨단 제조 기술이 변화를 수용할 수 있는 수준으로 발전하고 있기 때문이다. 사물 인터넷, 인공지능, 빅데이터, 클라우드 컴퓨팅, 3D 프린팅 등 신기술이 제조업 기반에 융합되어 고객의 개별적인 수요에 경제적으로 대응할 수 있게 되었다. 3D 프린터 같은 기계를 사용해 고객이 원하는 기능이나 디자인을 가진 제품을 제조하거나 현장에서 제품을 만들어 고객에게 제공할 수도 있다. 3D 프린터를 구매하는 고객은 소비자인 동시에 3D 프린터를 사용해 맞춤형 물건을 만들어 파는 생산자이기도 하며 고객의 니즈를 충족시켜 주는 서비스업 종사자이기도 하다. 첨단 제조 기술을 활용하는 1인 기업 혹은 소기업이 늘어나면서 제조업과 서비스업이 구별되지 않는 경우가 늘어나게 된 것이다.

애플이나 구글 등 정보 통신 분야의 기업들도 서비스업의 영역을 제조업으로 확대하고 있다. 애플은 반도체 기술 부문의 기업들을, 구글은 자율 주행이나 인공지능 기업들을 인수하고 있다. 이런 움직임 역시 거시적으로 보면 제조업과 서비스업이 융합되는 경향이라고 할 수 있다. 이런 경향은 기존 제조업에 정보 통신 기술이나 사물 인터넷을 접목해 서비스로 이익을 창출하는 다양한 사업 모델을 낳았다. 주로 XaaS(X as a Service)로 표현되는 모델들이다. EaaS(Equipments as a Service), MaaS(Machines as a Service) 등은 장비를 서비스 형태로 제공한다.

    제조업의 바탕이 되는 새로운 소재 기술의 개발을 주도할 주체로 대학이나 연구소와 같은 공공 부문 다음으로 거론되고 있는 것은 구글이나 애플, 마이크로소프트 같은 기업들이다.[42] 한 예로, 애플은 산업 변화 흐름에 걸맞은 친환경적 기준을 제품에 적용하고 이를 위한 소재 기술을 개발했다. 애플은 2018년 자사 노트북은 반드시 재활용 알루미늄을 사용해 만들겠다고 선언했다. 알루미늄 금속을 산화알루미늄으로부터 뽑아내는 제련 공정에서 온실가스인 이산화탄소가 대량 발생하기 때문이다.[43] 재활용 알루미늄을 사용하면 온실가스 배출을 줄일 수 있고, 환경 보호를 실천하는 기업이라는 이미지를 부각하는 데도 도움이 된다. 애플은 여기에서 한발 더 나아갔다. 알루미늄 제련 과정 자체를 이산화탄소가 발생하지 않는 공정으로 대체하기 위해 기존 특허 기술을 분석해 제련 과정에서 오히려 산소가 발생하는 환경 친화적인 기술을 개발한 것이다. 애플은 알루미늄 제련 기업들과 합작으로 2024년 환경 친화적인 공정으로 제조한 알루미늄 소재를 시장에 내놓을 예정이다.

　　제조를 하되, 제조한 제품이 아니라 제품을 이용한 서비스를 파는 비즈니스도 확장될 것이다. 발전소를 지어 주고 돈을 받는 것이 아니라 자기 부담으로 발전소를 건설하고 거기서 나온 전기를 주변 지역에 판다거나, 항공기 엔진을 생산하되 팔지 않고 여객기에 장착해 주고 운행 시간에 따라 요금을 받는 구독 경제 방식의 사업이다.[44] 지금과 같이 대량 생산을 해야 하는 제품들이 사라지지는 않겠지만, 사물 인터넷이 제조업 전반으로 확산되면 제조와 서비스가 구별되지 않는 시장의 규모는 더 커질 것이다. 제조업과 서비스업 구분이 모호한 영역이 확대될수록 지역 내 가치 사슬은 더욱 중요해진다. 우리와 같이 제조업 비중이 높고 수출 중심의 산업 구조를 갖고 있는 나라는 선진국의 내재화 동향에 대응하기 위해서나 우리가 주도하는 GVC를 강화하기 위해서라도 변화가 필요하고, 이는 선택이 아닌 필수다.

　　코로나 판데믹으로 속도가 붙은 디지털 경제의 영향 외에도 공유 경제[45], 순환 경제 등 환경 변화에 따라 제조업 형태는 달라질 것이다. 가령 자율 로봇으로 구성된 생산 라인과 같이 큰 투자를 필요로 하는 대규모 생산 시설이나 고도의 전문성을 필요로 하는 특수 생산 시설을 여러 이용자가 공유한다면 짧은 기간 내에 저렴하게 제품을 제조할 수 있다.[46] 이런 환경에서 제조 기업들은 플랫폼 기업을 지향하여 공유 경제 혹은 순환 경제 환경에 대응하고 GVC에서 핵심적인 위치를 차지해야 한다. 애플처럼 변화된 사회 경제적 환경에 부합하는 기업 가치를 만들어야 지속적으로 발전할 수 있는 것이다. 한국의 경우 독자적인 GVC 구축에 한계가 있으므로 세계 시장을 선도할 수 있는 플랫폼이나 선진국 GVC에 포함될 수밖에 없는 핵심 제품essential product 혹은 특수 부품critical component 제조에 집중하는 것이 전략일 수 있다.

사람을 위한 기술

산업이 발전할수록 사람은 산업의 중심에서 점점 멀어져 왔다. 첨단화된 생산 기계가 사람이 하던 역할을 대체하고, 사람을 밀어냈던 것이다. 삶은 전반적으로 편리하고 윤택해졌지만, 집단 간 격차는 점점 커졌고 불평등은 사회적 갈등을 일으켰다. 또한 기술이 고도화되면서 첨단 기술이 짧은 기간 내에 일반화되어 누구나 쉽게 접근할 수 있게 되고, 적은 비용으로 특수 제품을 쉽게 만들 수 있게 됨에 따라 첨단 기술을 악용할 가능성도 그만큼 높아졌다. 신기술 개발 정보를 투명하게 관리하고 기술의 안전성을 체계적으로 입증하며, 신기술을 불법적인 용도로 사용하는 것을 방지하고 독점할 수 없도록 하는 제도가 정밀하게 설계되어야 하는 이유다. 논란이 커지고 있는 인공지능 기술을 예로 들어 보자. 인간을 능가하는 인공지능 기술을 값싸고 쉽게 활용할 수 있게 되었을 때 반드시 이로운 목적으로만 사용할 것이라는 보장은 없다. 인공지능을 부도덕한 목적으로 사용할 수 없게 하고, 사람의 지능을 추월한 인공지능이 명령 수행을 거부하고 인간에게 해를 끼치는 상황이 발생하지 않도록 인공지능의 지능 수준이나 적용 범위 등 한계를 명확히 설정하고 개발 정보나 활용 실태를 투명하게 관리할 수 있는 체계를 갖추어야 한다. 사람과 기계가 공존하되 사람을 위해 기계가 존재하는 환경을 만들기 위해서다.

새로운 기술은 건강하고 안전한 삶, 편리한 삶을 위한 것이어야 하며 얼마든지 그렇게 될 수 있다. 기술을 단순히 산업 발전을 위한 수단으로 인식해서는 산업이 인간 중심으로 전환되기 어렵다. 제조업과 서비스업을 융합하거나 분산 제조를 도입하는 것처럼 제조업 범위에서도 일부 답을 찾을 수는 있지만, 제조업 혹은 산업만을 염두에 둔 접근으로는 궁극적인 해답을 찾기는 어렵다. 인간 중심의 패러다임을 향한 새로운 출발은 아마도 인간의 삶이 포함된 새로운 산업 생태계에서 찾아야 할 것 같다. 유엔의 지속 가능 개발 목표와 같은 글로벌 지향점을 설정하고 실행으로 옮길 수 있는 제도와 문화를 구축해야 한다.

5　　　　　　　　　　역사의 전환

효율의 개념이 달라진다

코로나 판데믹 이후 다가올 미래의 가장 큰 특징은 대단히 커진 불확실성과 변동성이다. 4차 산업혁명이 진전되면서 기술혁신이 더욱 가속되고 휘발성이 강한 글로벌 이슈들이 발생하는 빈도가 잦아짐에 따라 과거 어느 때보다 미래를 예측하기는 어려워졌다. 심지어 현재 상황도 언제 어떻게 변하게 될지 예측하기 어렵게 되었다. 미래를 예측하는 것이 점점 어려워진다면, 경영학자 피터 드러커Peter Drucker가 말한 것처럼 미래를 창조하는 것이 가장 좋은 방법일지 모른다. 미국이나 EU, 중국과 같이 세계적인 강대국 지위에 있거나 자원이나 기술, 자본을 외부에 크게 의존하지 않고 자체적으로 경제 체계를 운영할 수 있는 나라들은 스스로 선택할 수 있는 여지가 많기 때문에 더욱 그렇다. 하지만 우리와 같이 내수 시장의 크기가 자체적인 경제 운용에 필요한 규모에 미치지 못하거나 선진국 시장에 상품을 수출하는 경제 구조를 가진 나라, 자원이나 기술, 자본을 외국에 의존하고 있는 나라들은 스스로 선택할 수 있는 폭이 제한되어 있다. 스스로 미래를 결정할 수 있는 국가와 선택을 강요받아 어쩔 수 없이 따라가야 하는 국가가 있는 것이다. 전자의 경우 장기적으로 지속 가능한 국가 이익을 확보하고 국제적인 지지 기반을 구축하는 것에 미래 전략의 중점을 둬야 한다면, 후자의 경우 실리를 최우선으로 하는 전략을 펴야 한다.

두 가지 중 어느 상황에 있든, 다가올 미래는 과거와 달리 유기체적인 특성을 갖게 될 것이다. 자연에서 출발한 인류는 지금까지 역사를 만들면서 자연으로부터 점점 유리되는 길을 걸어 왔다. 그동안 여러 문제를 키워 왔다면, 지금부터는 자연과의 괴리를 줄이고 그동안 누적돼 온 문제를 해결해 자연 친화적인 길을 밟아 갈 차례다. 짧은 기간 동안에 오랫동안 사회 전반에 누적되고 고착된 문제를 해결하고 새로운 방향을 정착시키는 것은 발전의 방향을 완전히 전환하는 일인 만큼 쉽지 않다. 지금은 코로나 판데믹이 만든 기회다. 지속 가능한 발전이 한계에 부딪힌 데다, 기후 변화나 환경 오염으로 각종 재난이 발생해 인류의 안전을 위협하는 수준으로 심각한 영향을 주고 있기 때문에 오히려 전환이 빠르게 진행될 수 있다. 그동안 수익성이 낮다는 이유로 채택되지 못했던 첨단 기술을 정책적으로 후발국에 이전해 기후 변화 문제를 해결하는 수단으로 삼는 것도 가능하다. 최근 원자 수준에서 촉매를 설계하는 기술을 이용해 이산화탄소를 메탄올, 카바메이트, 카보네이트 등 산업적으로 유효한 물질로 전환하는 기술이 활발하게 개발되고 있다. 해양 생태계가 복원되면 산호 등 생물 자원에 의한 이산화탄소 저감도 기대해 볼 수 있다.

신기술 개발 역시 자연에 미치는 영향을 최소화하고 훼

손된 환경을 복원하는 데 도움이 되도록 하는 통합적인 접근으로 전환되고 있다. 새로운 기술이나 산업 발전이 환경에 미치는 영향을 개별적, 부분적으로만 파악하는 것이 아니라 연관 있는 부분들을 통합하여 전체 산업 생태계가 자연에 미치는 영향을 분석하는 것이다. 부분적인 접근으로는 환경에 미치는 영향을 파악하기 힘들 뿐만 아니라 이미 실재하는 문제를 해결할 대안을 찾기 어렵고, 일부 문제를 해결했다고 해서 전체 문제가 곧바로 해결되는 것도 아니다. 기술 개발이나 산업 발전은 전체 생태계 활동의 한 부분으로 인식되어야 하며 모든 조직의 활동 역시 같은 차원에서 고려해야 할 대상이다.

이런 맥락에서 산업 활동의 효율성을 평가하는 기준도 한정된 범위에서의 효율성이 아니라 전체 영역에 걸친 통합적인 효율성이 된다. 예를 들어 플라스틱 소재는 20세기의 가장 위대한 발명 중의 하나로 평가될 만큼 제조가 용이하고 여러 형태로 가공하기 쉬워 종이, 목재, 금속을 대체하는 다양한 용도로 사용되고 있다. 그러나 편리성과 저렴한 가격이라는 장점을 가진 플라스틱 소재를 별다른 제약 없이 사용한 결과, 토양 오염은 물론 해양 생태계까지 위협받는 상황이 됐다. 앞으로는 플라스틱 제품의 생물학적 안전성과 가격 대비 편리성을 평가하는 수준을 넘어 원재료의 제조 혹은 가공 단계에서 환경에 미치는 영향, 제품을 사용하는 동안은 물론 최종 폐기한 후 자연 순환계에 포함되는 전체 과정 동안 환경에 미치는 영향까지 종합적으로 판단하여 효율성을 평가하게 될 것이다. 그러면 지금 효율적이라고 평가받는 플라스틱도 더 이상 효율적인 재료가 아니게 될 것이다. 지금처럼 값싸고 편리하게 플라스틱을 사용하는 것은 상당한 제약을 받고, 새로운 기준을 충족하는 플라스틱 혹은 대체 물질을 제조하는 데 필요한 비용을 감수해야 할 전망이다.

지금까지는 단기간에 높은 이익을 창출하는 생산성이 산업 생태계를 움직이는 동인이었지만, 앞으로는 지속 가능성이 산업의 핵심이 될 것이다. 사회적 가치나 고객의 가치를 창출하는 데 기여하면서 장기간에 걸쳐 이익을 창출하는 방향이다.

이러한 패러다임 전환에 대응하기 위해 바닥에서부터 새롭게 출발할 필요는 없다. 지금까지의 체계를 분해하고, 분해한 요소들을 뉴 노멀에 맞춰 재조합해 솔루션을 찾을 수 있다. 효과적인 조합을 빨리 찾아내고 공백 영역을 찾아 채우는 것이 관건이다. 상대적으로 강점이 있는 요소들을 뼈대로 하여 산업 생태계를 완성해 가야 한다는 의미다. 생태계 사슬의 연결점에서는 다양성, 유연성, 가변성, 회복성을 최대화하여 다양한 조합이 탄생할 수 있는 조건을 만들어야 한다. 코로나19가 급격히 확산하던 시기, 국내에서는 빠르게 늘어난 마스크 수요에 대응하기 위해 대기업의 자동화 기술을 중소 기업 현장에 적용해 생산량을 획기적으로 늘렸고, 중소 기업의 경쟁력도 높일 수 있었다. 이처럼 다양한 조합이 가능한 환경을 조성하여 외부 환경 변화에 민첩하고 유연하게 대응할 수 있는, 강한 회복력을 가진 산업 생태계를 조성하는 데에 초점을 맞춰야 한다. 통합적인 효율성에 대한 관심이 높아질수록 산업 생태계를 구성하는 자원, 에너지, 제조, 물류 등 산업 전반의 활동은 서로 연결될 것이다. 독일이 인더스트리 4.0으로 추진 중인 스마트 빌딩, 스마트 홈, 스마트 헬스, 스마트 운송, 스마트 인더스트리 등을 통합적으로 운용하는 것처럼 말이다.

산업, 경제, 국가의 재구조화

우리는 수출 중심의 경제 구조를 가지고 있기 때문에 근본적으로 제조업을 포기할 수 없다. 새로운 산업 생태계 구축에 대응하고 단기적으로는 선진국의 GVC 재편에 적극적으로 대응해야 한다. 그렇다고 해서 선진국과 직접적으로 경쟁할 필요는 없다. 선진국들이 사용할 수밖에 없는 특수 소재를 생산하는 강소 기업을 육성하고 글로벌 경쟁력을 갖춘 과학 기술 기반의 혁신 제품[47]을 개발하며 반도체와 같이 수많은 공정을 정밀하게 제어해야 하는 대규모 융합 제품의 생산 생태계를 강화하는 것이 효과적인 전략이다. 특히 장기간에 걸쳐 기술과 경험을 축적해야 작동하는 산업 생태계를 구축하고 이를 기반으로 제품의 빠른 주기 전환에 대응해야 한다.

세계 어느 나라, 어느 다국적 기업도 GVC를 구성하는 핵심 요소들을 내재화하는 과정에서 장기간의 기술 축적과 원가 절감 과정을 피할 수 없다. GVC 전체를 내재화하려면 상당한 기간 동안 가격 인상과 성능 저하를 감수해야 한다는 의미다. 세계 곳곳에 흩어져 있는 우수한 기술력과 원가 경쟁력을 가진 특수 기업들로부터 핵심 부품들을 공급받을 수밖에 없다. 생산 장비 자동화나 로봇 제조에 필요한 핵심 부품을 제조하는 일본의 화낙FANUC[48]과 글로벌 반도체 위탁 생산의 대표 기업인 대만의 TSMC를 예로 들어 보자. 화낙은 수치 제어 분야의 기술을 70년 이상 축적하여 오늘의 위상을 갖게 되었다. 화낙은 산업용 로봇 시장 세계 1위(점유율 20퍼센트), CNC 시장 세계 1위(점유율 50퍼센트), 스마트폰 가공 기기 시장 세계 1위(점유율 80퍼센트)다. 1987년 창업한 TSMC는 자사의 칩을 만드는 대신 고객이 설계한 반도체를 제조해 주는 비즈니스(파운드리)에 집중함으로써 반도체를 자체 생산하는 기업들과의 직접 경쟁을 피하고 고객의 니즈를 수용할 수 있는 기술을 선제적으로 개발하여 세계 최고의 기술력을 가진 업체로 성장했다. TSMC는 외부 주문으로만 회사를 운영하고, 절대 자체 개발하지 않고 고객과 경쟁하지 않는다는 경영 전략을 갖고 있다.

미국과 중국 간 통상 마찰이나 거대 IT 기업 간의 특허 분쟁에서 보듯이 전략 기술을 보유하고 있는 국가나 기업은 언제든 그것을 무기로 활용할 수 있다. 상대방의 일방적인 도전에 대응할 수 있는 전략적인 기술 혹은 산업을 보유하고 있어서 맞대응을 할 수 있거나 상대방과 전략적인 제휴가 가능한 관계여야만 일방적인 무기화의 위험으로부터 벗어날 수 있다. 특히 국민의 안전에 직결되는 보건 의료의 핵심 기술 및 제품, 국방에 관련된 기술 등은 반드시 확보해야 한다. 단독으로 확보하는 것이 불가능하다면 적어도 이해관계를 같이 하는 국가 그룹에 참여하여 기술을 공동으로 활용할 수 있어야 한다.

제조업과 서비스업이 융합하면서 산업 간 경계가 모호해지고, 가치 사슬의 지역화가 촉진돼 물류가 단축됨에 따라 도시와 농촌, 산업 지역의 경계는 모호해지고 있다. 생산 시설의 원격 운전이 가능해져 종사자의 이동성은 확대되고, 개인이 운용할 수 있는 제조 장비가 보급됨에 따라 1인 기업이 증가하면서 가정과 직장의 구별도 모호해지고 있다. 특히 제조업 분야의 직업 성격이 크게 달라지고 있다. 이에 맞춰 제도를 정비하는 것도 필요하다. 제조업 및 제조 기업과 관계된 기준들이 새로 정립되어야 한다. 예를 들어 사람의 개입 없이 로봇이 24시간 운전하는 자율 운전 공장이 등장하게 되면 세금 부과, 안전 확보, 노동 조건 등의 기준이 달라져야 하므로 기존 제도로는 담을 수 없는 영역이 크게 늘어날 것이다.

지속 가능한 발전에 필요한 기반을 구축하거나 개인 보호, 기업 이익의 분배 등에 관한 기준이나 제도를 혁신해야 할 필요가 커질수록 정부의 역할이 중요해지고 개입이 증가하게 될 것이다. 정부 개입이 늘어날수록 공공성은 향상되지만 효율성이 떨어질 수 있으므로 이를 방지하는 제도도 필요하다. 정부 개입의 영역이나 범위를 합리적으로 설정하고, 정부 활동을 모니터링할 객관적이고 권위 있는 감시 기구를 만드는 것이다. 정부는 미래 사회에서 가장 핵심이 될 인적 자원을 위해, 개인의 감정이나 활동을 존중하며 개인이 주체적인 삶을 스스로 결정할 수 있게 하며 안전하고 편리하며 윤택한 생활을 영위할 수 있는 환경을 구축해야 한다. 개인의 호기심이나 창의력을 키워 주고 새로운 것에 도전할 수 있도록 지식이나 경험을 축적하게 해주고 새로운 기술을 연마할 수 있는 환경을 조성해야 한다. 고도로 효율화된 생산 체계로부터 생산되는 부를 전반적인 삶의 질 개선에 필요한 재원으로 전환하여 활용할 수 있는 제도를 만들어야 할 것이다. 개인의 창의력이나 도전 정신이 훼손되지 않고 기업 활동을 위축시키지 않는 자생력을 가진 선순환 구조를 만드는 것이 과제다.

중장기적으로 산업의 형태는 크게 달라질 것이다. 국제적으로 강력한 구속력을 가진 기준이나 표준, 인증, 허가들이 등장하고 국제 통상 규칙에 반영될 전망이다. 가령 금속 제품이 환경에 주는 부담을 줄이는 방안으로 회수가 어려운 특정 성분의 사용을 금지하거나, 회수가 용이하도록 성분의 수를 제한하여 재활용률을 높일 수 있다. 또한 산업 활동 전반에 전 과정 평가가 도입될 수 있다. 제품의 생명 주기 전체가 환경에 미치는 영향을 평가하는 방식이다. 기업들은 원료 제조 단계부터 제품의 최종 폐기까지 환경에 주는 부담을 최소화하고 부담을 상쇄시키거나 보상하는 규정들을 만족시켜야 한다. 탄소세 도입도 확대되고 구속력이 강화될 것이다. 이렇게 환경 부담을 줄이기 위한 기준이나 제도는 제품의 가격이 상승하는 요인으로 작용할 수밖에 없으므로 환경 부담금 형식으로 확보한 재원을 기업의 신기술 개발에 지원해 기업 활동이 위축되지 않게 할 필요가 있다.

공존과 번영을 위한 경쟁과 협력

코로나 팬데믹의 출현이 산업의 패러다임을 바꾸는 4차 산업혁명의 급진전, 미국과 중국 간의 무역 마찰 등 기존의 움직임과 맞물리면서 세계화의 성격이 달라지고 있다. 팬데믹의 영향을 벗어나기 위한 집중적인 자원 투입과 글로벌 가치 사슬의 지역화, 기술 및 산업에 대한 적극적인 보호로 글로벌 경제가 느린 회복을 보일 가능성이 있다. 이런 환경에서 대외 의존도가 높은 경제 구조를 가진 우리는 세계 경제의 느린 회복에 대비하는 중장기적인 전략과 함께 변화될 새로운 환경에서 지속적으로 성장해 갈 수 있는 전략을 세우고 실행해야 한다.

산업을 발전시키는 원동력은 개방과 기술 혁신이다. 창의성에 뿌리를 둔 독창적인 아이디어와 신기술이 혁신을 불러온다. 혁신은 투명하고 공정하며 개방적인 환경의 경쟁에서 만들어진다. 공정한 경쟁은 발전의 밑거름이 돼왔다. 정부의 과도한 개입으로 경쟁이 제한되면 혁신을 기대하기 어렵다. 데이터나 기술을 독점하거나 악용하지 않도록 건전한 경쟁 환경을 조성해야 하는 이유다. 특히 영향력이 빠르게 커지고 있는 다국적 기업 혹은 대기업이 중소 벤처 기업, 창업 기업과 협력적인 생태계를 구축하고 사회적 기능을 강화함으로써 공존과 번영을 추구할 수 있게 해야 한다. 새로운 아이디어가 시장에서 공정하게 경쟁할 수 있는 환경을 조성하는 것이다.

대기나 해양과 같은 환경 오염과 기후 변화 같은 글로벌 이슈는 국가 간 경쟁을 통해서는 해결되지 않는다. 세계가 문제 해결에 참여하고, 특히 첨단 기술을 보유한 선진국이 적극적인 협력에 나서야 해결할 수 있다. 국지적인 사건이 순식간에 세계 전체로 확산되는 지금과 같은 환경에서는 나 홀로 성장하거나, 외부 사건으로부터 자유롭기 힘들다. 세계의 문제를 자신의 문제로 인식하는 것이 중요하다. 전 세계적 차원의 문제나 사회 경제적 난제를 해결하기 위해 적정 기술 개발, 첨단 기술 이전 등 개인, 기업, 정부, 국가 등 이해 당사자들 간의 협력이 절대적으로 필요하다. 기업의 사회적 기능을 강조하는 분위기를 조성하는 것도 동참을 유도하는 데 도움이 될 것이다. 국가 경쟁력을 결정하게 될 중장기 전략 수립, 코로나 판데믹과 같은 돌발적인 상황에 대한 대응 등 정부의 역할이 점점 더 중요해지고 정부 개입의 필요성이 늘어남에 따라 정부의 선택은 미래 사회 전반에 더욱 큰 영향을 미치게 될 전망이다. 코로나 판데믹과 같은 특수한 상황에서는 정부의 적극적인 개입이 인정되고 효과를 발휘할 수 있으나 4차 산업혁명에서와 같이 산업의 발전이 가속되고 새로운 제도로 담아야 하는 환경이 출현하는 상황에서는 정부 개입의 적절한 수준을 결정하는 것이 쉽지 않다. 소극적으로 대응하면 시기를 놓쳐 기회를 상실할 수 있고, 과도하게 개입하면 전체의 효율성이 떨어질 수 있다. 정보의 집중과 통제로 권력을 남용할 여지도 충분히 있다. 정부가 사회를 스마트하게 발전시키고 구성원들이 미래에 대한 비전을 공유하기 위해서는 자신의 역할을 명확하게 정의하고 스스로를 통제할 수 있는 수단을 가져야 한다. 정부를 신뢰하는 사회 구성원들의 이해와 적극적인 참여 없이는 속도와 다양성이 합쳐져 나타나게 될 불확실성과 변동성에 대응하기 어렵다.

미래 사회는 산업이 추구하는 방향과 사회 구성원의 삶의 질이 일치하는 방향을 지향하게 될 것이다. 지금까지 문명의 발전으로 분명 삶의 질이 개선되기는 했지만, 사람들이 그만큼 행복해졌는가에 대해서는 이견이 있다. 산업이 발전하면서 소득이나 기회, 환경의 불평등이 확대되고 사회적 갈등이 증폭되어 온 것도 사실이다. 기후 변화, 환경 오염 등 글로벌 이슈에 있어서도 선진국의 책임 전가 등 그룹 간 마찰이 증가해 왔다. 미래 사회는 개인이나 조직(기업), 국가(정부), 세계가 지속 발전할 수 있는 사회를 공동으로 추구하는 방향으로 나아갈 것이다. 경제적으로 단기간에 큰 이익을 얻기보다 고객의 긍정적인 경험이나 평판과 같은 사회적 가치를 통해 장기적으로 이익을 얻는 방향이다. 개인 역시 경제 활동과 비경제 활동이 뚜렷하게 구별되지 않는 거미줄 같은 연결 속에 살게 될 것이다.

개인과 기업 조직, 국가, 세계가 동시에 같은 비전을 갖기는 쉽지 않지만, 완전히 일치하지 않더라도 같은 비전을 공유하고 함께 노력해 가는 것이 중요하다. 사회를 구성하는 주체들이 이 방향으로 움직일 수 있도록 제도를 정비해야 하며 공정하고 투명한 의견 수렴 과정을 거쳐 대다수가 공감하는 제도를 도입해야 한다. 산업 활동의 주체인 기업들에게는 단기적으로는 이익이 훼손되는 것처럼 보이지만 장기적으로 이익이 보장되고 사회적 평판이 좋아지고 보람을 갖게 될 것이라는 믿음을 줄 필요가 있다.

많은 장애 요소들을 극복하고 사회적 불평등이나 갈등을 해결하기 위해서는 정부를 비롯한 주요 주체들의 리더십이 중요하다. 리더십의 기반은 결국 주체 간의 신뢰, 새로운 패러다임에 맞는 투명한 절차와 공정한 제도다.

에필로그

우리는 이전으로
돌아갈 수 없다

판데믹 이후 새로운 질서가 자리 잡는 과정에는 복잡한 요인들이 동시에 작동하고 있다. 4차 산업혁명이 급진전되면서 새로운 산업 패러다임이 만들어지고 있다. 슈퍼 파워의 지위를 놓고 촉발됐던 사실상의 기술 전쟁인 무역 전쟁에 글로벌 경제의 '올 스톱'이 더해져 전대미문의 경험을 하는 중이다. GVC 붕괴를 경험한 국가와 산업은 가치 사슬을 자국 중심으로 전환하기 시작했다. 세계는 각종 자연 재해의 근본적인 원인이 기후 변화였음을 확실히 인식하게 됐다. 그동안 진행돼 온 세계화는 이런 이슈들을 해결하는 대안이 되지 못했고 오히려 한계점을 드러냈다. 새로운 질서가 탄생할 수밖에 없는 상황이 온 것이다. 전반적으로 그동안 충분히 변화할 당위성이 있던 사안들이 판데믹을 계기로 급진전되는 양상이다.

    GVC 재편과 무역 분쟁, 기후 변화 이슈가 반영된 세계 통상 질서의 재편에 동시 대응해야만 하는 현실이다. 여기에 어떻게 대응하는지에 따라 새로운 패러다임에서 우리의 위치는 달라질 것이다. 단기적으로는 판데믹 이후 경기 회복 과정에서 재편되는 GVC에 적극 참여하고 미국과 중국 간 통상 전쟁, 기술 전쟁의 소용돌이를 전략적으로 벗어나야 한다. 해결책은 거의 유일하다. 과학 기술 기반의 첨단 제조 기술을 육성하는 것이다. 선진국이나 주요 기업들이 공급 사슬을 구성하는 데에 반드시 필요한 전략 기술을 다수 확보해야 한다.

그렇다면 우리 제조업에는 어떤 강점과 약점이 있을까. 우선 첨단 제품에 필요한 정밀 부품을 제조하는 공정 기술 능력은 세계 최고 수준이다. 반면 부품 제조의 바탕이 되는 원천 소재 기술은 아직도 선진국에 크게 의존하고 있다. 세계 최고 기술을 보유하고 있는 디스플레이 산업 등 몇몇 산업 분야에서도 상당히 많은 종류의 장비를 국산화하기는 했으나 고도의 기술이 필요한 주요 공정 장비는 여전히 선진국에 상당 부분 의존하고 있다. 기술 전쟁이 길어지거나 더 확대될 경우 위험할 수 있는 부분이다.

미국의 화웨이에 대한 반도체 수출 규제처럼, 선진국들이 원천 소재나 제조 장비에 대한 보호를 강화하는 정책을 확대할 경우 큰 위협이 될 수 있다. 제조를 위한 제조 기술, 즉 제조 수단을 제조하는 기술[49]을 포함해서 첨단 소재 기술, 플랫폼 소프트웨어 기술, 양자 기술 등의 전략 기술 개발에 집중해야 한다. 동시에 정밀 가공 공정 기술, 시스템 통합 기술 등 우리가 강점이 있는 영역에서는 경험을 계속 축적하고 스킬을 고도화해야 한다. 한국 제조업이 세계적인 수준으로 도약할 수 있었던 배경에는 우수한 인적 자원이 있었음을 상기하고 고급 인력 개발에 더욱 집중하는 것도 중요하다.

판데믹 이후 조만간 시작될 경기 회복기는 과거로의 회귀 과정이 아니라 우리의 미래를 결정하는 결정적인 시기가 될 것이다. 4차 산업혁명, 기술 전쟁, 환경 중시 패러다임 등을 감안한 고도의 산업 전략을 구상하고, 탄탄한 국제 관계를 구축할 때다.

주

1 _ 한 대륙 이하의 넓은 지역에 퍼진 전염병. 아프리카에서 확산된 에볼라, 아시아에서 확산된 사스(SARS), 유행성 독감 등이 이에 속한다.

2 _ 두 대륙 이상으로 퍼진 전염병. 흑사병이나 콜레라가 여기 해당한다.

3 _ OECD, 〈OECD Economic Outlook〉, 2020. 12.

4 _ Kevin Sneader and Shubham Singhal, 〈Beyond coronavirus: the path to the next normal〉, McKinsey & Company, 2020. 3.

5 _ United Nations, 〈Impact of the COVID-19 pandemic on trade and development〉, UNCTAD, 2020. 11. 19.

6 _ 딜로이트 글로벌(Deloitte Global)과 미국 경쟁력위원회(US Council on Competitiveness)는 공동으로 세계 각국 제조업에 종사하는 500명 이상의 CEO 및 고위 임원을 심층 조사하여 제조업 경쟁력 지수를 발표한다. 각국의 경쟁력을 가늠하는 척도로 활용되고 있다.

7 _ 딜로이트의 예측에 따르면 2020년은 미국이 다시 세계 1위 생산국의 위치를 탈환하는 해가 될 전망이다.
Deloitte, 〈2016 Global Manufacturing Competitiveness Index〉, 2016.

8 _ 중국의 월평균 인건비는 1990년 55달러에서 2018년 990달러로 상승했다. 같은 기간 베트남의 인건비는 32달러에서 228달러로 상승했다.
Congressional Research Service, 〈China's economic rise: history, trends, challenges, and implications for the United States〉, 《CRS Report》, 2019. 6. 25.

9 _ 2014년 이래 외국인의 대중국 투자가 지속적으로 유입되었지만, 중국과 미국의 무역 마찰이 시작된 이후 외국 자본의 이탈이 시작됐다. 2019년 4~5월에만 120억 달러의 자본이 유출됐다.
Don Weinland, 〈Trade war sparks record foreign outflow from China equities〉, 《Financial Times》, 2019. 6. 4.

10 _ 자동차에서 전기와 전기 신호를 각 제어 장치나 연산 장치에 전달하는 배선 뭉치를 말한다. 첨단 기술을 필요로 하는 부품은 아니며, 수작업으로 이루어지는 부분이 많아 인건비 비중이 크다. 이런 특성 때문에 자동차 제조사들은 인건비가 싼 지역에서 생산한 와이어링 하네스를 거의 실시간으로 공급받아 왔다.

11 _ 한국은행 조사국 국제종합팀, 〈글로벌 서비스 교역 현황과 특징 및 시사점〉, 《국제경제리뷰》 2020-3, 2020.

12 _ 미국은 2010년 오바마 정부 때부터 리쇼어링을 정책적으로 지원(Remaking America)하였으며 2018년까지 총 3327개 기업, 2018년 한 해만 해도 886개 기업이 복귀했다. 유럽에서는 EU 집행위원회가 핵심 기술과 핵심 소재, 인프라, 안보 등 전략 분야의 리쇼어링을 정책적으로 추진한 결과 2014~2018년 동안 253개 기업이 복귀했다. 우리나라는 2013년 유턴기업법을 시행한 이후 총 74개 기업이 복귀했다.
Reshoring Initiative 웹사이트.
연선옥, 〈美 IT 기업 속속 국내 '복귀'하는데… 성과 없는 韓 리쇼어링〉, 《조선비즈》, 2020. 7. 22.

13 _ United Nations, 〈World Investment Report 2020 – International production beyond the pandemic〉, UNCTAD, 2020.

14 _ 지속 가능 개발 목표는 2000년부터 2015년까지 시행된 밀레니엄 개발 목표(MDGs)를 종료한 이후 2016년부터 2030년까지 새로 시행되는 유엔과 국제 사회의 최대 공동 목표이다. 인류의 보편적 문제(빈곤, 질병, 교육, 성평등, 난민, 분쟁 등)와 지구 환경 문제(기후 변화, 에너지, 환경 오염, 물, 생물 다양성 등), 경제·사회 문제(기술, 주거, 노사, 고용, 생산 소비, 사회 구조, 법, 대내외 경제) 등 17개 주요 목표와 169개 세부 목표로 구성돼 있다.

15 _ Deloitte, 〈2016 Global Manufacturing Competitiveness Index〉, 2016.

16 _ 미국이 5G 등 통신 기술 보호를 위해 ZTE, 화웨이를 제재한 것이나 반도체 관련 기업을 제재한 것은 트럼프 행정부만의 갑작스러운 정책이라기보다는 의회, 산업계 등 여러 부문에서 오랫동안 제기돼 온 지적을 실행에 옮긴 것이었다.

Congressional Research Service, 〈Fifth-generation(5G) telecommunications technologies〉, 《CRS Report》, 2019. 1. 30.
Congressional Research Service , 〈Semiconductors: U.S. industry, global competition, and fedral policy〉, 《CRS Report》, 2020. 10. 26.

17 _ 대표적인 예로 미국은 제너럴모터스(GM)가 적자와 유동성 부족을 견디지 못하고 파산하자 2009년 7000억 달러의 구제 금융을 지원하고 구조 조정을 실행했다. GM은 2010년 손익 분기점에 도달했다.

18 _ PwC, 〈The fourth industrial revolution: a recovery plan for today's economic storm〉, 2020.

19 _ 궁극적으로는 자동화를 넘어 자율화(자율 운전)하여 코로나 판데믹과 같은 상황에서도 정상적인 생산 활동이 가능한 체계로 발전할 것이다.

20 _ 이미 AT&T, 아람코(Aramco), 나이키(Nike) 등 기업들이 내부 인력의 재교육, 학습 능력 향상 등을 적극적으로 추진하고 있다.
World Economic Forum, 〈Accelerating Workforce Reskilling for the Fourth Industrial Revolution An Agenda for Leaders to Shape the Future of Education, Gender and Work〉, 《White papers》, 2017. 7. 27.

21 _ 이러한 문제 때문에 최근에는 비용 축소를 위해 인력 감축을 할 때 경영진보다 고경력 전문 인력을 유지하는 경향이 뚜렷해지고 있다.

22 _ 교육 체계인 학교가 장기간 폐쇄돼 정상적인 교육을 시행하지 못한 영향은 사회 전반에 장기적으로 미칠 것이다.

23 _ 상호 운용성은 하나의 시스템이 다른 시스템과 아무런 제약 없이 서로 호환되어 사용할 수 있음을 말한다. 부품이나 기기, 거대한 생산 체계에 이르기까지 상호 운용성을 공유하지 않고서는 네트워크 체계에 참여할 수 없다.

24 _ 2015년 12월 12일 파리 유엔 기후 변화 회의에서 195개국이 체결한 협정. 지구 평

균 온도 상승 폭을 산업화 이전 대비 섭씨 2도 이하로 유지하고, 더 나아가 섭씨 1.5도 이하로 제한하기 위한 국제 협약이다. 1997년 채택된 교토 의정서의 후속 협약이다.

25 _ 1992년 6월 브라질 리우데자네이루에서 150여 개국 대표가 서명하여 채택한 지구인의 행동 강령. 1972년 스웨덴 스톡홀름에서 채택한 인간환경선언의 후속이다.

26 _ 1995년 3월 덴마크 코펜하겐에서 열린 유엔 사회개발정상회의에서 나온 선언. 빈곤 극복과 완전 고용, 안정적이고 안전하며 공평한 사회를 만들어 가는 데 협력하자는 것이 골자다.

27 _ OECD는 판데믹이 한 차례에 그칠 경우 2020년 -6퍼센트 성장과 2021년 5.2퍼센트 성장을 예상했다. 판데믹이 한 차례 더 진행되는 경우엔 각각 -7.6퍼센트와 2.8퍼센트 성장을 예상했다. 세계은행은 2020년 -5.2퍼센트와 2021년 4.2퍼센트 성장, IMF는 2020년 -4.9퍼센트와 2021년 5.4퍼센트 성장을 예상하고 있다. 2021년의 경제 성장률을 높게 보는 것은 2020년의 침체로 인한 기저 효과 때문이다. 실제 경제는 2013년 수준으로 후퇴할 것이라는 예측이다.
Congressional Research Service, 〈Global Economic Effects of COVID-19〉, 《CRS Report》, 2020. 8. 21.

28 _ Kevin Sneader and Shubham Singhal, 〈The future is not what it used to be: Thoughts on the shape of the next normal〉, McKinsey & Company, 2020. 4.

29 _ Susan Lund et al., 〈Risk, resilience, and rebalancing in global value chains〉, McKinsey Global Institute, 2020. 8.

30 _ Sarah Perez, 〈COVID-19 pandemic accelerated shift to e-commerce by 5 years, new report says〉, 《Tech Chrunch》, 2020. 8. 25.
정보통신정책연구원, 코로나19로 인한 전자 상거래 이용 행태 변화 분석, 《KISDI STAT Report》, 2020.

31 _ Oleg Bestsennyy et al., 〈Telehealth: A quarter-trillion-dollar post-COVID-19 reality?〉, McKinsey & Company, 2020. 5. 29.

32 _ IMF, 〈Fiscal monitor – Policies for the recovery〉, 2020. 10.

33 _ 2차 세계 대전 후 황폐화된 유럽을 재건하기 위해 미국이 제공한 유럽 부흥 계획. 1947년부터 4년에 걸쳐 당시 화폐로 총 130억 달러(현재 가치로는 약 1300억 달러, 142조 5450억 원)를 지원했다.

34 _ 내연 기관 엔진에 기반을 둔 자동차 산업을 말한다. 일반적으로 공급망이 약 2만 개 이상의 부품으로 구성되어 있다.

35 _ United States Congress et al., 〈Congressional Handbook on U.S. Materials Import Dependency-vulnerability〉, Library of Congress, 1981, pp. 19-21.

36 _ 유럽 의회가 지적하는 인공지능의 위험은 다음과 같다. 인공지능으로 인한 사고가 발생했을 때 책임 소재가 불분명하다. 중요한 사항을 의도적으로 포함되지 않게 하거나 구조적으로 편향되도록 인공지능 프로그램을 구성함으로써 주관적인 내용을 객관적인 것처럼 보이게 할 수 있다. 취업·해고, 금융 업무, 범죄 행위 등에 영향을 미칠 수 있는 사안이다. 또 개인의 과거 행위를 바탕으로 가상의 내용을 만들어 내거나 진짜처럼 보이는 가짜 영상·음향·사진을 만들어 낼 수도 있다. 이것이 분열주의나 극단주의를 불러오거나 선거를 조작함으로써 민주주의를 위협할 수도 있다.

37 _ 독립적으로 일하는 사람을 단기 업무에 임시직으로 활용하는 경제 환경을 말한다.

38 _ 가령 자율주행차를 운행하기 위해서는 현행 도로 주행 관련법을 상당 부분 수정해야 한다. 이런 문제를 해결하기 위한 방안으로 규제 프리존이나 규제 샌드박스 등의 정책을 도입하고 있다.

39 _ MDGs의 8대 목표는 다음과 같다. 절대 빈곤 및 기아 근절, 보편적 초등 교육 실현, 양성 평등 및 여성 능력의 고양, 아동 사망률 감소, 모성 보건 증진, AIDS·말라리아 등 질병 예방, 지속 가능한 환경 확보, 개발을 위한 글로벌 파트너십 구축.

40 _ SDGs는 기존의 MDGs를 세분화하고 구체화했다. 모든 곳에서 모든 형태의 빈곤 종식, 모든 연령층의 건강한 삶 보장 및 복지 증진, 모두를 위한 저렴하고 신뢰할 수 있

으며 지속 가능하고 현대적인 에너지에 대한 접근 보장, 회복력 있는 사회 기반 시설 구축, 포용적이고 지속 가능한 산업화 증진 및 혁신 촉진, 국가 내 및 국가 간 불평등 완화, 지속 가능한 소비 및 생산 양식 보장, 기후 변화와 그 영향을 방지하기 위한 긴급한 행동 실시, 모든 수준에서 지속 가능한 개발을 위한 평화롭고 포용적인 사회 증진, 모두에게 정의에 대한 접근 제공 및 효과적이고 책임 있으며 표용적인 제도 구축 등 17개 목표를 제시한다.

41 _ 고객의 경험은 유용성(functional), 신뢰성(reliable), 사용성(usable), 편의성(convenient), 감성(pleasurable), 의미성(meaningful)의 6단계로 구분할 수 있다. 고객에게 편리하고 긍정적인 경험을 주기 위해서는 어떠한 제품이든 기본적으로 유용성과 신뢰성이 충족되어야 하며 그 다음으로 사용성을 넘어 궁극적인 가치를 제공할 수 있어야 한다. 스티븐 P. 앤더슨(Stephen P. Anderson)의 UX 니즈 모델 참고.

42 _ Swerea, 〈The future of materials (Both green fields and goldmines)〉, 2016.

43 _ 알루미늄 제련 공정은 1886년 찰스 홀(Charles Hall)에 의해 개발된 후 지금까지 큰 변화가 없었다. 탄소 전극을 사용하는 일종의 전기 분해 과정에서 대량의 이산화탄소가 발생하는데 이 과정에서는 대량의 전기를 소모하기 때문에 수력 발전으로 전기가 풍부한 지역에서 주로 제조돼 왔다. 화력 발전소에서 생산한 전기를 사용할 경우에는 전기 생산 단계에서도 많은 양의 이산화탄소를 발생시키게 된다.

44 _ 넷플릭스와 같이 제품이나 서비스를 이용한 만큼 비용을 지불하는 구독 경제 시스템이 제조업에 도입되고 있다. 시초는 롤스로이스가 1962년 도입한 제트 엔진 사업 모델이다. 이는 서비스로서의 엔진(EaaS·Engine as a Service)이라고 할 수 있다. 아우디, 닛산, 포르쉐 등 자동차 제조사들도 자동차를 임대해 주고 사용한 마일리지만큼 비용을 받는 사업 모델을 운용하고 있다.

45 _ 기술이나 시설 혹은 제품, 서비스를 사용자들이 공유함으로써 이익을 얻는 경제.

46 _ 공유하는 대상을 플랫폼이라 하며 이와 같은 사업 형태를 플랫폼 비즈니스라고 한다.

47 _ 신소재를 활용한 QLED(양자점 디스플레이) 텔레비전이나 OLED 텔레비전 같은 혁신 제품을 말한다.

48 _ 화낙은 1955년 후지쯔의 사내 벤처로 출발해 1972년 자회사로 독립했다.

49 _ 리소그래피 장비와 같이 반도체를 제조하는 장비를 제조하는 기술이나 자동차 생산 라인을 구성하는 산업용 로봇을 제조하는 기술을 말한다.

북저널리즘 인사이드 제조업에서
발견하는 미래

코로나 판데믹을 겪으며 뼈저리게 느낀 건 세계가 지나칠 정도로 긴밀하게 연결돼 있다는 점이다. 각 국가와 산업은 고도의 세계화가 효율성, 편리함이 아니라 리스크가 될 수 있음을 처음으로 실감했다.

코로나19 확산 초기, 중국 공장들이 멈추자 전 세계의 제품 생산과 공급에 차질이 생겼다. 공급량이 줄어들면서 부품 가격이 오르기도 했다. 중국 공장이 셧다운에 들어간 2020년 2월, TV 등에 쓰이는 LCD 패널 가격은 한 달만에 9퍼센트 올랐다. 다른 국가에서 생산한 부품을 사용하는 것은 가격 때문인데, 그 장점을 누리지 못하게 된 셈이다. 필수재를 원활하게 공급받을 수 있는지 자체도 문제가 됐다. 2020년 상반기에 우리도 겪은 '마스크 대란'이 대표적이다. 국민의 건강과 생명을 위해서라도, 안정적인 공급망을 구축할 필요가 생겼다. 산업의 초점이 효율성에서 안정성으로 바뀐 것이다. 구조적인 변화의 시작이다.

변화는 이미 존재하는 흐름 위에서 출발한다. 판데믹은 완전히 새로운 개념을 제시한 것이 아니라, 그동안 더디게 진행되던 변화를 가속화했다. 저자는 더 빨라질 변화로 4차 산업혁명, 미국과 중국의 경쟁 구도와 탈세계화, 기후 변화에 대한 대응을 꼽는다. 기술을 발전시켜 인력을 덜 사용할 수 있는 안정적인 생산 시스템을 만들고, 각자의 이익에 부합하는 경제 블록을 형성해 자국이나 가까운 지역에서의 생산을 늘리며, 비용을 감수하고서라도 지속 가능성을 선택할 것이라는 전망이다.

여기에서 알 수 있듯 제조업 구조의 변화는 산업 부문에 그치지 않는다. 세계의 경제 구조, 국가 간의 패권 다툼, 전 세계 사회가 중심에 두는 가치까지 바꾸고 있다. 저자는 수개월에서 1년 이내의 가까운 미래보다는 5년, 10년 뒤까지 영향을 미칠 큰 흐름을 바라보고 있다. 코로나19 판데믹은 세계 대전, 대공황, 금융 위기처럼 경제, 정치, 사회를 바꾼 전환점으로 기록될 것이다. 지금 제조업의 변화를 읽어야 하는 이유다.

소희준 에디터